평신도를 위한

한 눈으로 보는 성경

평신도를 위한

한 눈으로 보는 성경

김기환 권사

도서출판 세줄

저자 서문

'평신도를 위한 한 눈으로 보는 성경'을 세상에 내놓으면서

먼저 이 책을 세상에 내놓을 수 있도록 허락하신 하나님께 감사와 찬양, 영광을 돌려드립니다.

성경을 탐독하고 깨달은 내용을 요약하고 정리하여 책으로 내놓았지만 먼저 드는 생각은 두려움이요, 부끄러움입니다. 왜냐하면 저는 신학을 접해 보지도 못했으며 오랜 동안 신앙생활을 했지만 허물과 부족함으로 점철된 삶이였기 때문입니다. 그런 제가 어찌 감히 성경을, 하나님 말씀을 다룬 책을 낸다고 상상이나 했겠습니까? 혹여 하나님의 영광을 가리거나 진리를 그릇 왜곡할까 봐 말입니다.

사실 [평신도를 위한 한 눈으로 보는 성경]은 제가 의도해서 쓴 것이 아닙니다. 십 수년간 성경을 읽고 또 읽어도 말씀의 줄기와 흐름을 바로 알지 못했습니다. 그러던 어느 날 여느 때처럼 말씀을 묵상하던 중, 하나님께서 말씀을 사모하고 말씀을 바로 알고자 애타하는 제 마음을 보셨는지 말씀의 줄기와 흐름을 사슬처럼 연결시켜 뇌리에 새겨지게 해주셨습니다. 흥분된 마음에 이를 한 장 한 장 손으로 그렸으며, 그런 일을 몇 달을 걸쳐 계속했습니다. 그리고 이를 문서화하기 위해, 어깨 너머로 컴퓨터를 터득하여 겨우 겨우 이를 문서화 하였습니다. 이 모든 과정을 돌아볼 때 [평신도를 위한 한 눈으로 보는 성경]은 저의 수고나 노력이 아닌 하나님의 은혜의 결과물 입니다.
하지만 이를 감히 책으로 낼 생각은 더욱 없었습니다. 저 혼자 성경을 보고 이해하는데

쓰려 했을 뿐입니다. 그런데 원고를 보신 지인들께서 이를 모두가 공유해야 한다며, 지인 중 한 분이 주석과 설교 자료 등의 출간에만 20여년간 몸담아 온 목사님 한 분을 소개해 주셨습니다. 목사님은 원고를 보시더니 이렇게 정리된 책은 없다 하시며 한국 교회에 알리는 것이 좋겠다고 해주셨습니다. 처음엔 부끄러운 마음에 고사했으나 여기까지 오게 하신 하나님의 뜻이 있으시리라 생각, 목사님의 격려에 힘입어 마침내 [평신도를 위한 한 눈으로 보는 성경]이란 제목으로 세상에 내놓게 되었습니다.

바라옵기는 이 책을 접한 성도들께서 유일무이하며 완벽한 진리인 하나님 말씀 성경을 더 가까이하고 더 정확히, 더 뚜렷하게 볼 수 있기를 바라는 마음뿐이며, 이로써 유일한 구주이시며 만왕의 왕, 만주의 주이신 예수님을 더욱 가까이 하시고 진리와 은혜를 풍성하게 누리시길 소망합니다.

본서를 감수해주시며 부족한 저에게 격려를 아끼지 않으신 뉴저지 벧엘교회 정성만 목사님(커넬신학교 교수, 동부캠퍼스 학장, 뉴저지 전도대학 학장 역임) 본서를 추천해주신 용인 수지 목양교회 김완중 목사님, 서울 어울림교회 탁경성 목사님, 고양 행복한교회 최명일 목사님께 감사를 드립니다. 이외 본서를 출간할 수 있도록 도와주신 모든 동역자님들께 감사를 전합니다.

이 모든 일에 함께하신 성삼위 하나님께 다시금 감사와 찬양과 영광을 돌려 드립니다.

용인 수지 목양교회

김 기 환 권사

감수서

오래 전부터 알고 지내던 지인이 평신도들에게 꼭 필요할 거라 생각되는 책을 감리교회의 평신도 권사님이 집필한다 하며 원고를 전해주었다.

평신도가 평신도를 위해 책을 만든다니 조금 의아하기도 했다. 하지만 집필 동기나 과정을 전해 듣고 호기심이 생겨 전달받은 원고의 처음과 끝인 창세기와 계시록을 우선적으로 보았다. 대충 읽어 보았지만 정말 놀라웠다. 단적으로 말해 정말 좋은 책이 될 거라 생각이 되었고 그 생각을 그대로 전달했다.

생각을 전해 들은 책의 소개자는 책의 '감수(監修)' 를 부탁했다. 좋은 책이니 기쁜 마음으로 부탁을 받아들였다.

'평신도를 위한 한 눈으로 보는 성경' 은 특별하거나 새로운 내용을 담고 있지는 않다. 하지만 성경 전체를 말 그대로 한 눈에 보게 해준다. 성경의 큰 흐름을 보게 할 뿐 아니라 그 안에 작은 지류까지도 보게 해준다.

성경 한 권, 한 권, 그리고 성경의 중요한 사건들을 이렇게까지 쉽게, 이렇게까지 짜임새 있게까지 볼 수 있게 하는 책이 있을까 싶다.

책을 감수하면서 이 책을 한국교회 평신도들만 아니라 목회자들에게도 기꺼이 권하고 싶은 마음이 들었다. 오랜 시간 인내하면서 책의 원고를 완성해 낸 김기환 권사님의 노고에 박수를 보낸다.

이 책이 한국교회 성도들로 하여금 말씀을 좀 더 가까이 하게 하고, 교회들이 말씀으로 돌아오는 역사를 이루는데 밑거름이 되길 바란다.

조국 교회의 회복과 주님 재림을 대망하며

미국 뉴저지에서 정 성 만 목사

추천서 1

먼저 참 좋으신 우리 하나님께 찬양과 영광을 돌립니다.

제가 섬기고 있는 목양교회에 귀하신 분들이 아주 많이 계시지만 그 중에서도 이 책을 집필하신 김기환 권사님은 참 귀하신 분이십니다.

"어린 아이 같은 순수한 마음으로, 하나님을 더 알고자 하는 열정으로 성경을 읽고 또 읽다가, 마치 구슬이 꿰어지듯이 연결되고, 그림처럼 뇌리에 새겨지는 놀라운 체험을 하게 되었습니다. DTS 훈련을 받으면서 말씀을 삶 속에서 경험하는 기쁨도 맛보게 되었습니다. 또한 한글 개역성경을 필사하고 나서, 다시 NIV을 직접 도표로 그리면서, 생각 속에 있던 것들이 더 분명해졌습니다. 그 기쁨으로 한 장씩 한 장씩 그려나가면서 정리하다보니, 성경 전체를 한눈으로 볼 수 있는 작품이 완성되었습니다."

김기환 권사님께서 처음으로 제게 이 내용을 가지고 오셨을 때, 저의 첫 느낌은 감동이었습니다. 평신도로서 이 정도로 정리를 하려면 얼마나 많은 시간과 정성을 기울였을지 생각하니 감동에 감동이 밀려왔습니다. 그 노고를 치하하지 않을 수 없습니다. 물론 시중에는 이와 비슷한 의도로 작성된 책들도 제법 여러 권이 있는 것을 알고 있습니다. 그렇지만 그런 책들은 신학을 전문적으로 공부한 분들이 기록한 경우가 대부분입니다. 김기환 권사님은 순수한 평신도로서 평신도의 눈으로, 평신도의 눈높이에 맞게 이 내용을 정리 했다는 점에서 그 노고를 더욱 높이 평가하고 싶습니다. 정말 수고 많이 하셨습니다.

이 책은 한꺼번에 읽어버리는 것보다는, 성경 책 옆에 두고 조금씩 함께 읽으면 더 좋을 것 같습니다. 먼저 이 내용을 읽고, 성경을 읽어도 좋고, 아니면 성경을 먼저 읽고 이 내용을 읽으면 좋은 정리가 되고, 비교가 될 것 같습니다. 더 많은 분들에게 이 책이 읽혀지기를 바랍니다. 이 책을 통해 성경이 더 쉽게 이해되고, 종합적으로 이해하는데 도움이 될 줄 믿습니다.

목양교회 담임목사 김 완 중

추천서 2

목사에게는 늘 성도들에게 성경을 바로, 그리고 온전히 가르치고 싶은 욕심이 있다. 성경 한 권 한 권을 알게 해주고 거기 담겨진 진리를 성도들이 깨닫고 그 진리 대로 살게 하는 것처럼 축복된 일은 없다.

그렇기에 성경 한권 한권만 아니라 할 수 있으면 성경 전체를 다 알 수 있도록 해주고 싶다. 새해를 시작하며 목회 계획에 성경 통독하는 것을 성도들에게 권면하는 것은 그 때문이다. 그래서 언제부터인가 성경 통독의 가이드북이나 성경 전체의 내용이나 틀을 보여주는 책이 있었으면 좋겠다는 생각을 갖게 되었다.

지난 해 말경 기독교 출판계에서 20여년 넘도록 사역해 온 후배 목사를 통해 책 한권을 소개받았다. "평신도를 위한 한 눈으로 보는 성경"이란 제목의 책이었다. 감리교 평신도 권사님이 성경을 탐톡하고 탐독하며 몇 번이고 읽고 또 읽다 어느 때부터 그 맥이, 그 틀이 그려져서 손으로 정리한 것을 컴퓨터 안에 문서화한 것이라고 하였다.

초고를 보니 성도들이 성경 전체의 윤곽을 보게 해 줄뿐 아니라, 성경의 중요 주제, 핵심 주제를 보게 하고, 그 안에 흐르는 구속사적 맥락까지 볼 수 있게 해주었다. 성경의 핵심이라 할만한 모든 것을 일목요연하게 보게 하였다. 책 제목 그대로 '한 눈으로' 성경을 볼 수 있게 하는 책이었다. 성도들이 좀 더 쉽게, 좀 더 뚜렷하게 성경을 보고 이해하도록 안내해 줄 수 있다고 생각이 되었다.

목사로 살면서 성도들로 하여금 진리의 말씀 성경을 바로 알게 하고 부분만이 아닌 전체를 알게 하고 그 맥과 흐름을 알게 한다면 그것이 얼마나 복된 일일까 싶다. 그같은 기대와 더불어 이 책을 기쁨으로 추천한다. 이 책이 한국교회 평신도들로 하여금 진리의 길, 구원의 길, 생명과 축복의 길로 이끄는 성경을 더 가까이 하게 할 것을 기대해 마지 않는다.

나사렛성결회 서울어울림교회 담임목사 탁 경 성

추천서 3

성경 66권은 분량과 내용에 있어서 매우 방대한 책이므로 이해하기가 쉽지 않은 것이 사실이다. 그 내용은 인명, 지명, 지리, 사건 등을 중심으로 기록되어져 있어서, 이런 기본적인 사실을 인지하지 않으면 성경의 의미를 이해하는 데 어려움을 겪게 된다. 그래서 기본적 사실을 이해해야만 그 사실에 대한 의미도 이해할 수 있게 된다. 예를 들면, '에덴동산에서 아담과 하와가 선악과를 먹었다.' 라는 기록되어진 내용을 알아야 다음 단계인 그 선악과를 먹은 것이 어떤 의미를 가지는지를 이해할 수 있게 된다.

그러나 오늘날 현대 교회는 이런 과정을 거치지 않고 성경을 이해 하려고 하는 분들이 많아지고 있다. 이렇게 기본 사실적 내용을 알지 못하면 성경을 어렵게 느끼게 되고 성경을 해석하는데도 많은 오류가 생기며, 결국 성경의 권위를 떨어뜨리게 되는 결과를 낳게 된다. 그러나 기본적 사실 내용을 충실히 살펴보게 되면, 성경 전체에서 말하는 바를 이해할 수 있게 되고, 성경을 해석하는 부분에서도 오류를 피할 수 있게 된다. 그래서 오늘날 한국교회 성도들이 이런 기본적 내용을 충실히 살펴보고 공부하게 된다면 성경에 자신감을 얻으며 성경 전체의 큰 그림을 그릴 수 있게 될 것이다. 그런 점에서 이 책은 성경의 사실적 내용의 핵심을 잘 요약해 주고 있기에 현대교회 평신도들에게 매우 유익하리라 생각된다.

사실 시중에는 성경 내용을 구조적으로 잘 정리된 책들이 많다. 그런대 이 책이 다른 책들과 다른 특별한 점은 더 간결하고 핵심내용만 담고 있을뿐만 아니라 구조적인 면에서도 쉽게 되어져 있어서 성경의 내용을 사실적인 면에서 이해하고자하는 자에게는 분명 큰 도움이 될 것이라고 생각한다. 평신도들이 성경을 수십 독 하지만, 성경에 대해 물어보면 잘 모르는 경우를 목회현장에서 많이 보게 되는데, 이 책을 옆에 두고 같이 보는 것을 넘어 중요한 부분들을 암기하고 줄을 그어가며 공부한다면 성경의 큰 그림을 머릿속에 그려지게 될 것이며, 성경에 대해 자신감을 가지게 될 것이라고 생각한다. 이런 작업을 평신도인 권사님이 하신 것에 놀랍다. 그리고 이 책을 기쁜 마음으로 추천한다.

고양시 행복한교회 담임목사 최 명 일

성경 전체 구성과 내용

성경의 구성					
구분	모세5경(5)	역사서(12)	시가서(5)	선지서 – 예언서(17)	
구약 전 39권	창세기 출애굽기 레위기 민수기 신명기	여호수아, 사사기, 룻기, 사무엘상하, 열왕기상하, 역대상하, 에스라, 느헤미야, 에스더	욥기 시편 잠언 전도서 아가서	이사야, 예레미야, 예레미야 애가, 에스겔, 다니엘, 호세아, 요엘, 아모스, 오바댜, 요나, 미가, 나훔, 하박국, 스바냐, 학개, 스가랴, 말라기	
신약 전 27권	복음서(4)	역사서(1)	서신서(21)		예언서(1)
	마태 마가 누가 요한	사도행전	로마서, 고린도전후서, 갈라디아서, 에베소서, 빌립보서, 골로새서, 데살로니가전후서, 디모데전후서, 디도서, 빌레몬서, 히브리서, 야고보서, 베드로전후서, 요한1 · 2 · 3서, 유다서		요한계시록

66권 1,188장, 31,102절

• 기록 기간 : 약 1,600년 • 저자 : 성령 하나님(딤후3:15–17) • 기록자 : 대략 40명

• 기록장소 : 지중해 근해, 근동 아시아 • 전체 핵심 요절–요3:16 • 주인공 : 예수님

성경은!

1. 성령님의 감동을 받은 사람들이 기록한 책
2. 하나님의 구원사를 기록한 책
3. 정확무오한 진리이며 사실만을 기록한 책
4. 과거와 현재, 미래 모든 역사를 기록한 책
5. 눈에 보이지 않는 하나님께서 자기를 알리신 책

하나님의 살아계심 증거

1. 역사가 증거(일반 역사–일반은총, 구원 역사–특별은총)
2. 창조된 세상, 온 우주 만물이 증거(시33:6; 롬1:20)
3. 성경 예언과 그 성취가 증거

일러두기(Introductory)

1. '평신도를 위한 한 눈으로 보는 성경'의 특징

첫째, 성경의 흐름을 한 눈에 보도록 했음
둘째, 성경의 핵심 사건들을 한 눈에 보도록 했음
셋째, 성경의 핵심 주제를 한 눈에 보게 했음

2. '평신도를 위한 한 눈으로 보는 성경'의 저술 방식

첫째, 성도들이 보기 쉽고 접하기 쉽게 정리함
둘째, 도식의 선을 따라가면 성경역사, 구속사의 흐름을 알 수 있게함
셋째, 시대, 인명, 사건 위주로 정리하되 성경 전체를 망라함

3. '평신도를 위한 한 눈으로 보는 성경'을 권하고 싶은 분

첫째, 성경을 통독하면서 성경의 전체 틀을 알고 싶은 분들
둘째, 성경의 전체 맥락과 핵심 내용을 안내 받고 싶은 분들
셋째, 말씀을 이해하는 것에 더해 말씀에 깊은 확신을 갖고 싶은 분들

목 차

제 1 부

한 눈으로 보는
구약 성경

구약의 역사적 큰 맥

B / C

연대	시대
알 수 없음	원 역사 1.창조 2.타락 3.노아홍수 4.바벨탑
2166	족장시대 1.아브라함- 요셉 2.애굽이주:430년
1446	출애굽 광야생활
1406	가나안시대 1.가나안점령 2.땅 분배
1390	사사시대 백성 왕 요구
1050	왕정시대 1.사울 2.다윗 3.솔로몬
930	분열왕국 1.남유다 2.북이스라엘
722	포로시대 1.북:앗수르 2.남:바벨론
536	포로귀환 3차에 걸쳐 귀환
4	예수님 탄생 1.예언성취 2.신약시대 개막

평신도를 위한
한|눈|으|로|보|는|성|경

1. 창세기 역사

하나님 천지 창조
(창1:1–31)

온 우주 창조

제1일	제2일	제3일	제4일	제5일	제6일	제7일
빛	궁창, 땅, 물	하늘, 바다, 땅의 식물	해, 달, 별들	바다의 생물들, 새들	땅의 짐승과 사람	안식

하나님 형상을 가진 창조의 절정 (창1:27)

아 담

1. 하나님: 우리의 형상과 모양대로
2. 이 땅의 흙으로 사람을 지으시고
3. 코에 생기를 불어 넣으시니
4. 사람이 생령이 됨이라

하 와

1. 아담을 깊이 잠들게 하시고
2. 아담의 갈빗대를 취하여
3. 살을 채우시여
4. 여자를 만들어 아담에게 데려옴

아담 하와 부부

1. 둘이 한 몸을 이루고
2. 벌거 벗었으나 부끄러워 아니함

인간 축복(창조 중보자;하나님 만물 중보)

1. 생육 . 번성 이 땅에 충만
2. 땅을 정복하고
3. 온 지면의 씨맺는 채소와 열매를
   주노니 너희 먹을거리가 되리라

히브리서 3 : 4
집마다 지으신 이가 있으니 만물을 지으신 이는 하나님이시다

에덴동산
(창2:16-17)

선

※ 하라
1. 에덴동산 경작
2. 동산 각종 실과 먹게하심

악

※ 하지 마라
1. 선악과 먹지마라
2. 정녕 죽으리라

사탄 유혹 (창3:1-7)

1. 아담 / 하와 : 말씀 불순종 (죄 사랑)
2. 영혼 죽음
3. 하나님과의 관계 단절
4. 아담 / 하와 : 쫓겨남 (에덴동산)
   - 수치심 : 벗은 줄을 앎
   - 가죽으로 옷을 만들어 입히심

   ※ 희생된 짐승 : 죄의 수치 가림

※ 에덴 동산의 비밀
1. 선악의 비밀
2. 피의 비밀

※ 4개의 강
1. 유브라데　2. 힛데겔
3. 기　혼　4. 비　손

생명수 강(계22:1-2)

1. 하나님과 어린양 보좌로부터 나옴
2. 길 가운데로 흐름

아담 / 하와

가 인
농사군

아 벨
양치는 자

셋
아벨 대신함

※ 가인 / 아벨 매년 여호와께 제사
1. 여호와 : 아벨의 제사만 받음
2. 가인 : 동생 아벨을 시기, 질투, 죽임

노아 홍수 (창7:4-12)

노아

1. 노아는 의인이요
2. 하나님과 동행한 자

노아 가족

셈	함	야벳
조상 : 아시아	조상 : 아프리카	조상 : 유럽

하나님 명령 (창6:13-16)

1. 방주를 제작하라
   - 길이 : 300 규빗
   - 너비 : 50 규빗
   - 높이 : 30 규빗
2. 방주 재료 : 고페르 나무로 제작

※ 노아 순종 : 홍수 전 비가 없었음

물 심판 (창7:1-12)

홍 수

1. 노아 : 600세
2. 40 주야 비가 내리고 샘이 터짐
3. 150일 동안 물에 잠김

※ 방주, 홍수 후 터키 아라랏산에 머뭄

방주 승선한 사람

1. 노아
2. 노아 아내
3. 아들 : 3명
3. 며느리 : 3명

※ 승선 인원 : 8명

※ 무지개 언약 (창9:1-16)

1. 여호와와 노아의 언약
   - 복 - 생육 / 번성 - 온 만물 위임
2. 땅을 멸할 홍수는 다시 없다 하심

함 저주 (창9:20-25)

1. 노아 : 술에 취해 벌거벗고 잠이 듬
2. 함 : 형제들에게 알림
3. 두 형제 : 노아의 옷으로 하체 가림 (뒷걸음)

※ 노아 : 함 저주 (후손 셈과 야벳의 종)

바 벨 탑
(창11:1-9)

언 어

※ 바벨탑 사건 전
1. 온 땅 언어가 하나요
2. 말이 하나였음

바벨탑 건축

1. 하나님에 대한 도전
   - 벽돌을 돌로
   - 역청을 진흙
2. 성읍과 탑을 건축
3. 온 지면 흩어짐을 면키 위함

여호와 저지

1. 여호와 : 하늘에서 보심
2. 탑 건축을 저지키 위함
   - 언어를 혼잡
   - 온 지면에 흩으심

※ 바벨탑 규모 (고고학적 고증)

1. 높이 : 21M
2. 넓이 : 60M×45M
※ 당시에는 아주 큰 건물이라함

바벨탑 사건 본질

1. 인간 본성 드러내 보임
   - 교만
   - 하나님 대적
2. 자기 과시 말씀 불순종
3. 사람 마음 계획하는 바가 악함 입증

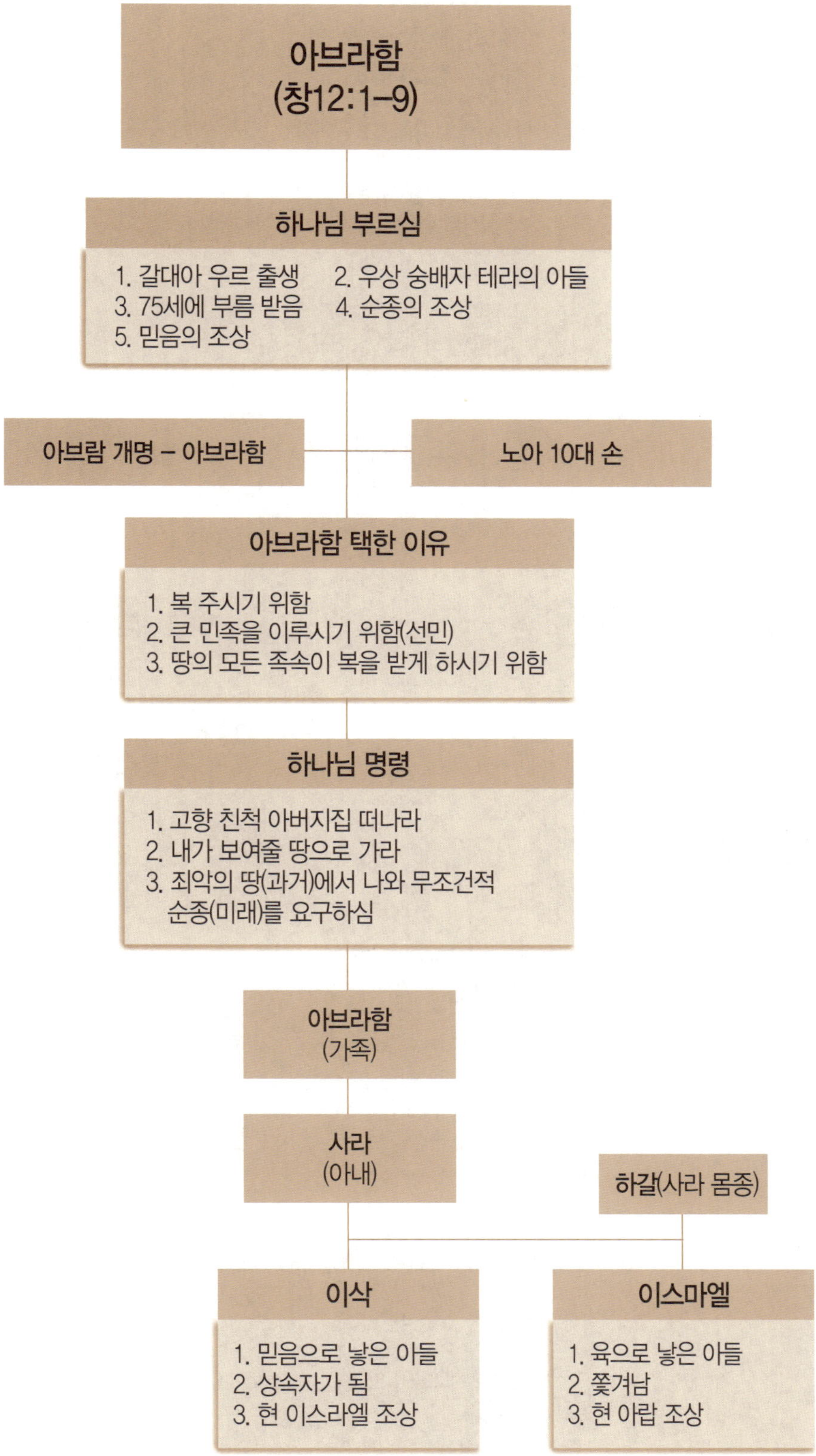
아브라함
(창12:1-9)
하나님 부르심
1. 갈대아 우르 출생
2. 우상 숭배자 테라의 아들
3. 75세에 부름 받음
4. 순종의 조상
5. 믿음의 조상
아브람 개명 – 아브라함
노아 10대 손
아브라함 택한 이유
1. 복 주시기 위함
2. 큰 민족을 이루시기 위함(선민)
3. 땅의 모든 족속이 복을 받게 하시기 위함
하나님 명령
1. 고향 친척 아버지집 떠나라
2. 내가 보여줄 땅으로 가라
3. 죄악의 땅(과거)에서 나와 무조건적 순종(미래)를 요구하심
아브라함
(가족)
사라
(아내)
하갈(사라 몸종)
이삭
1. 믿음으로 낳은 아들
2. 상속자가 됨
3. 현 이스라엘 조상
이스마엘
1. 육으로 낳은 아들
2. 쫓겨남
3. 현 아랍 조상

아브라함 꿈 여호와 계시 (창15:13)

1. 아브라함 후손 400년 나그네 생활
   (4대 동안 애굽 종살이)
2. 애굽 400년 아브라함 자손 괴롭힘
3. 하나님 애굽 징벌 아브라함 후손 귀환케 하심

횃불언약 (창15:1-5)

1. 여호와와 아브라함간의 약속
2. 자손이 하늘의 별과 같게 함
3. 가나안 땅 약속

애굽 이주(창12:10-20)

※ 가나안 기근이 심함 (애굽 이주)

1. 아브라함이 사라를 누이라 함
(사라를 취하기 위해 자기를 해칠까봐)
2. 바로왕 : 사라를 궁으로 들임
3. 롯도 동행

※여호와:사라의 일로 큰 재앙 내림

※바로 왕:사라를 돌려보냄

가나안 귀환 (창13:2)

1. 애굽에서 부자 됨
2. 가나안으로 귀환
3. 롯도 부자가 되어 귀환

※가축으로 인한 아브라함 목자와 롯 목자 다툼

아브라함 / 롯과 이별 (창13:9)

1. 롯에게 먼저 선택권 줌
   - 네가 좌 하면 : 난 우
   - 네가 우 하면 : 난 좌
2. 롯 : 소돔성 거주

소돔 심판과 아브라함의 기도(창18:22-33)

1. 여호와 : 소돔성 불심판 경고
2. 아브라함 중보 기도
   - 소돔성을 위해 (의인 : 50, 45, 40, 30, 10)
3. 5회나 간구

롯을 구한 아브라함

성경 속 첫 전쟁 : 롯 구함 (창14:1-20)

1. 북동맹 네 왕(시날, 엘라살, 엘람, 고임)이 소돔성 공격
2. 롯과 그 가족이 포로로 잡혀감
3. 아브라함 소식 듣고
4. 개인이 길러온 병력 318명으로 공격, 롯을 구하고 재물도 찾아 옴

※ 전쟁에서 취한 재물 10분의 1을 살렘왕 멜기세덱에게 줌

소돔성 유황불 심판: 롯 구함 (창19:12-29)

※ 여호와 : 아브라함을 위해 자비를 베푸심

1. 천사들
   - 여호와의 불심판 경고를 알림
   - 롯의 두 딸과 정혼한 자는 농담 여김
   - 피신시 뒤를 돌아보지 말라
2. 롯 가족 소돔성 탈출
   - 아내와 두 딸 동행
   - 딸들과 정혼한 자는 잔류, 심판 받음
   - 롯 아내 : 뒤를 돌아 봄

※ 롯 아내 소금 기둥 됨 (세상적-불순종)

두 딸 / 아버지 롯과 동침 (창19:30-39)

1. 롯
   - 두 딸과 소알에서 나와
   - 산에 거주
2. 두 딸
   - 베필 될 사람 없음 한탄
   - 아버지를 술에 취하게 하고 통정 계획
3. 아버지에게 술을 먹인 후 교대 통정
   - 큰딸 아들 : 모압 조상
   - 작은딸 아들 : 암몬 조상

아브라함 후손을 위해

1. 사라가 자기 태가 닫힌 걸 알고
2. 몸종 하갈에게 은혜

하갈/아브라함과 동침(창16:2-3)

1. 아브라함 후손을 위해
2. 몸종 하갈을
3. 아브라함과
4. 동침 허락

하갈 / 사라 멸시 (창16:4)

1. 동침 후 아브라함 씨 잉태
2. 아들 출생
3. 이름 : 이스마엘
4. 하갈 : 사라를 멸시

사라 / 여호와의 말씀 비웃음 (창18:10-15)

※사라에게 아들이 있으리라
1. 사라 : 여호와의 말씀 듣고 비웃음
2. 여호와 : 사라의 불신앙 책망하심
※ 여호와 아들 약속 : 이삭이라 하라

이삭 출생 (창21:3-7)

1. 아브라함 : 100세
2. 사라 : 90세

이삭을 번제하라 (창22:1-13)

1. 아브라함 순종 (아침 일찍 출발)
2. 번제할 나무는 이삭에게 지움
3. 모리아산으로 감

4. 이삭 : 번제할 양은?
5. 양은 여호와께서 준비하신다 함
6. 모리아산 도착 : 이삭 결박 칼로 찌르려는 순간

7. 여호와 음성 들림 : 아브라함아 아브라함아
8. 네가 날 경외함 알았다 함(아브라함 뒤를 돌아봄)
9. 여호와께서 번제할 숫양을 미리 준비하심

하 갈 (창21:8-10)

1. 사라 : 아브라함에게 하갈을 쫓아내라 함
2. 여호와 : 아브라함에게 사라의 청을 들으라 하심
3. 하갈 : 이스마엘과 함께 쫓겨남
※ 쫓겨난 하갈에게 여호와 약속
– 복 – 후손 번창

사라 죽음 / 아브라함 재혼 (창23:1, 25:1-2)

1. 사라 : 127세로 생 마감
2. 아브라함 : 그두라와 재혼 (욕산 외 5명의 아들 둠)

아브라함 죽음 (창25:7-8)

1. 아브라함 : 175세에 생 마감
2. 막벨라 굴에 안장
※막벨라굴은 장례를 위해 구입한 땅

이 삭
(창 21–22장)

번제 – 순종

1. 아브라함과 사라의 간절한 기도로 출생
2. 순종과 믿음으로 번제 시험에 묵묵히 순종
3. 리브가와 결혼 : 나홀의 아들 브두엘 소생

이삭 가족

아내 리브가
(창24:51)

쌍 태 (창25:24–25)

1. 태중에 두 민족
2. 장자가 차자를 섬기리라

야 곱 (차자)

출생시 에서 발꿈치 잡음

에 서 (장자)

살결이 붉고 몸에 털

1. 야곱 : 형에게 장자권을 팔라 함
2. 에서 : 장자권을 가볍게 여김(팥죽 한그릇에 팜)

※리브가 : 이삭이 에서에게 축복권 엿들음

이삭 : 야곱 (축복)

1. 이삭 : 늙어서 눈이 잘 안 보임
2. 리브가 : 이삭과 에서 대화를 엿들음 (축복 계획)
3. 리브가가 야곱을 에서로 변장 축복권을 가로 챔 (염소털)

※ 야곱 : 이삭에게 축복 받음

에 서 (사냥 – 돌아옴)

1. 에서 : 이삭에게 축복 받기 원함
2. 이삭 : 축복 했다 함 (야곱에게 속임 당한 걸 앎)
3. 야곱이 속였다 함

※ 에서가 속임 당한 것을 알고 야곱을 죽이려 함

야곱 피신
(창27:44)

1. 어머니 리브가가 에서의 분노 눈치챔 (창27:41)
2. 야곱 : 하란으로 피신 시킴
   – 리브가의 오라버니 집
   – 리브가의 친정

하나님 축복
(창28:12–19)

1. 야곱 하란으로 가는 도중
2. 벧엘에서 꿈
   – 사다리가 하늘에 닿아
   – 천사가 오르락 내리락 함
   – 여호와가 야곱에게 축복
3. 누운 곳을 벧엘이라 하고 기념비 세움

야 곱
(라반집 거주)

1. 라반 : 외숙부가 됨
2. 라반의 양치는 일 도움

야곱 결혼
(창29:21–27)

1. 야곱 : 라반의 둘째 라헬 사랑
2. 야곱 : 라헬과 결혼
   – 첫날 큰딸 레아를 합방
   – 아침에 보니 레아와 동침

3. 야곱 : 라반에게 항의
4. 라반 : 풍습 소개(동생 먼저 불가)
5. 라헬도 주리라 (7년 더 살라)

※ 야곱 라헬 사랑 7년 하루 같이

20년 거주 : 양치는 일 6 년
라헬 / 레아 14 년

이삭 죽음
(창35:29)

1. 이삭 : 180세에 생 마감
2. 에서 / 야곱 : 장사 지냄

야 곱
(창29:21-35, 30:1-24)

야곱 가족

몸종 실바
1. 갓
2. 앗셀

레 아
1. 르우벤 2. 시므온
3. 레위 4. 유다
5.잇사갈 6. 스불론

라 헬
1. 요셉
2. 베냐민

몸종 빌하
1. 단
2. 납달리

야곱의 위치
1. 아브라함, 이삭 이어 언약의 조상
2. 이스라엘 12 지파의 조상

야곱 성품
1. 간교함 2. 탐욕적임
3. 하나님 섭리를 보여줌

야곱 부자
1. 라반이 임금을 속임
2. 여호와께서 간섭
- 라반의 가축을 빼앗아 야곱에게 줌
- 라반에게서 야곱 보호

야곱 귀환 (창31:1-55)
1. 여호와 : 귀향하라 명하심
2. 야곱 귀환
3. 형 에서와 만날 준비
- 선물
- 만일을 대비 귀향 편대조직

야곱 천사와 씨름 (창32:24-25)
1. 브니엘에서 천사와 씨름
- 천사가 이기지 못함
- 천사가 야곱 허벅지 침
- 다리 절음, 천사 축복
2. 가족 상봉 에서와 화해

※ 야곱 숙곳에 거주

디나 사건
(창34:1–26)

1. 히위족속 하몰의 아들 추장 세겜
디나 욕 보임
2. 야곱의 아들 분노
– 히위 족속 몰살 음모
– 동생을 주리라 속임
– 할례 조건 요구
3. 히위족속들 좋게 여김
모든 남자 할례를 하게함
4. 시므온 / 레위가 남자 다 죽임
– 디나 데려옴 –

벧엘 언약 (창32:26–29)

1. 여호와께서 야곱과의 언약
– 가나안 약속, 생육 번성
– 야곱 허리에 왕 탄생
2. 야곱 개명 : 이스라엘이라 하라

요셉 꿈
(창37:6–9)

※ 첫 번째 꿈
1. 볏단을 묶는데
2. 내 단은 일어나고
3. 형들의 단은 나를 둘러
서서 절하더이다

※ 두 번째 꿈
1. 해와 열한 별이
2. 내게 절하더이다
3. 내가(야곱) 네게 절하랴 책망
※ 야곱 요셉 꿈을 마음 둠

라헬 죽음
(창35:16–20)

요셉 어머니
베냐민 출산하다 산고로 죽음

유다 / 다말 사건
(창38:3-11)

1. 유다 : 엘 오난 셀라 삼형제 둠
2. 다말 : 첫째 엘과 결혼
   - 엘이 자식 없이 죽자
   - 둘째를 줌 (자식없이 죽음)
3. 셋째는 죽을까 봐 주지 않음
   ※ 친정으로 돌려 보냄

다말

1. 다말 : 친정 딤나에서 생활
   - 유다 딤나 방문소식 들음
   - 유다를 미혹 계획
   - 창녀로 변신 유혹
2. 유다와 동침 (유다 씨 가짐)
   ※ 증표 : 유다 도장. 지팡이

유다

1. 유다 : 다말 임신 소식 들음
2. 다말을 죽이려고 부름
3. 다말 : 이 증표가 누구의 것 이니까
4. 오호라 막내를 주지 않은 내 죄로구나

다말 쌍태 가짐
(창38:27-30)

1. 다말 쌍둥이 출산
   - 베레스 - 세라
2. 베레스 : 다윗 조상 됨

야 곱

1. 12 아들중 요셉 지극 사랑
2. 요셉 : 야곱이 사랑한 라헬 소생
3. 형제들 : 요셉을 질투

요셉 심부름

1. 양치러 간 아들들의 근황을 알고 싶어 요셉을 형들에게 심부름 보냄
2. 야곱의 심부름을 온 요셉을 형들이 봄
3. 요셉을 죽이려 형들 음모

요셉 애굽에 팜/17세
(창37:12-36)

1. 르우벤
   - 요셉을 죽이지 못하게 함
   - 구덩이에 넣게 함
   - 후에 건져 올려 살릴 생각
2. 때마침 미디안 상인이 지나 감
3. 유다
   - 요셉은 우리의 형제요 동생
   - 죽이지 말자 함
   - 미디안 상인에게 팔도록 하자 함

※은 20냥에 요셉을 미디안 상인에게 팜

형제들 야곱에게 거짓 보고

1. 요셉이 아버지 심부름으로 형들에게 오는 도중 짐승에게 물려 죽었다 함
2. 요셉 옷에 염소피를 묻혀 야곱에게 보임
3. 야곱 : 괴로워하며 슬픔에 잠김

요셉 – 보디발의 집 종
(창39:1-6)

1. 보디발 : 애굽 바로왕의 친위 대장
2. 요셉 : 성실하고 하나님 섬김을 암
   - 보디발 집 가정 총무로 임명
   - 보디발의 전 재산을 관리

보디발 아내 유혹
(창39:7-10)

1. 요셉 : 용모가 아름다움
2. 보디발 아내
   - 요셉을 흠모 침실로 유인
   - 요셉 겉옷을 빼앗기고 도주

※ 보디발 아내의 무고

1. 요셉이 날 겁탈 남편에게 거짓 보고
2. 보디발 : 요셉을 감옥에 보냄

요셉 감옥
(창39:19-23)

1. 요셉 왕궁 감옥에 투옥
2. 왕궁 죄수들만 가둔 감옥
3. 요셉 성실 감옥 사무 처리
4. 바로왕의 관원장 두 명 투옥됨

5. 두 관원장이 동시에 꿈을 꿈
6. 요셉이 해석 (창40:1-23)
   - 한 명은 복직
   - 한 명은 새들의 밥

※ 요셉의 해석대로 이루어짐
1. 한 명은 복직 되고
2. 한 명은 목이 매달려 새들의 밥

바로왕 꿈을 꿈
(창41:1-36)

1. 바로왕이 꿈을 꾸고 고민에 빠짐
2. 애굽 모든 지식인에게 해석 명령

복직된 관원장이 기억
요셉을 바로왕께 알현

1. 애굽 모든 지식인 해석 못함
2. 과거 술관원장이 투옥 되었을 때
   히브리 청년을 기억 왕께 말함
3. 바로왕 : 당장 요셉을 왕 앞에
   세우라 명령

요셉 바로왕 꿈 해석

1. 요셉 : 바로왕의 꿈을 듣고
   - 7년 풍년 후 7년 기근
   - 풍년시 기근 대비 식량
     비축
2. 지혜 / 능력자를 선발 관리

이사야 41:10
두려워 말라 내가 너와 함께 함이라 놀라지 말라
나는 네 하나님이 됨이라 내가 너를 굳세게 하리라
참으로 너를 도우리라
나의 의로운 오른 손으로 너를 붙들리라

요셉 애굽 총리 됨
(창41:37-43)

1. 요셉 : 바로왕의 다음 가는 직위
 - 전국을 통치
 - 풍년시 생산량 1/5를 나라에 바침
 - 창고가 넘침
2. 풍년후 기근이 들어 곡식 창고 방출
 ※ 이웃 나라에서도 곡식 구하러 옴

요셉 결혼
(창41:45)

1. 보디베라의 딸 아스낫과 결혼
2. 아들 두 명을 둠 (므낫세, 에브라임)

야곱

※ 가나안도 기근이 심함
1. 애굽에 곡식이 풍부하다는 소문 들음
2. 야곱 : 곡식 구하러 보냄
 - 아들 10명이 곡식 구하러 감
 - 베냐민은 동행시키지 아니함
 - 요셉 잃은 야곱 베냐민 사랑
 - 요셉 사랑을 베냐민에게

창고 방출

1. 기근이 심해 창고 방출 명령
2. 요셉이 직접 지휘
3. 이웃나라에서도 양식 구하러 옴
4. 요셉
 - 양식 구하러 온 형제들을 봄
 - 형제들은 요셉을 알지 못함
 - 요셉이 지혜를 발휘
 - 형제들을 정탐군으로 몰아 세움

※ 요셉 형들과 대면 장면
1. 너희 아버지는 잘 계시냐
2. 동생은 있느냐 있다면 잘 있느냐

※ 시므온을 볼모로 억류함
1. 너희 아우 베냐민을 데려 오라 함
2. 베냐민 동행시 정탐군 아님을 인정
3. 길양식과 돈을 각자의 자루에 다시 넣어 보냄
※ 요셉은 감정을 억제치 못해 돌려 보낸후 통곡

요셉 형제들

1. 아버지 야곱에게 정황 보고
2. 베냐민 동행시 시므온 돌아 옴
3; 야곱 : 베냐민 동행 허락

식량 구하러 두번째 방문
(창43:1-15)

1. 베냐민 대동
2. 요셉
   - 베냐민을 보고 감정 억제
   - 형제들 요셉 집으로 안내
   - 형제들 요셉에게 절
   - 야곱의 건강 물음
   - 형제들을 순서대로 앉힘
   ※ 형제들 이상히 여김

은잔 시험
(창44:1-17)

1. 각자의 자루에 곡식을 넣고
2. 베냐민 자루에 은잔 넣게 함
3. 은잔이 없어졌다 요셉 호통

5. 은잔을 훔친 자는 종이 된다 함
6. 베냐민 자루에서 은잔 발견
7. 베냐민을 종으로 잡겠다 함

※ 형제들 탄원
형제들 : 야곱(아버지)이 베냐민 유고시
죽으리라 함

요셉 자기를 밝힘 (창45:1-28)

1. 요셉 감정을 자제하지 못함
2. 형제들이여 난 형들이 애굽에 판 동생 요셉이라 함
3. 요셉의 울음 소리가 바로 궁까지 들림
※ 바로왕 : 요셉 가족을 애굽 고센으로 이주토록 배려

※ 권세는 유다에게 있으나 장자권은 요셉에게 줌

형제들 두려워 함

1. 요셉 : 형제들을 안심 시킴
- 두려워하지 말라 함
- 형들이 날 애굽에 판 것이 아니라 함
- 여호와께서 기근 전(여호와:이스라엘 사랑)
- 먼저 나를 보내셨나이다 함
2. 속히 아버지 야곱을 모시고 올 것을 청함

야곱 애굽 이주
(창46:6–7)

1. 형제들 아버지 야곱에게 고함
- 요셉이 살아 애굽의 총리가 되었다 함
- 아버지를 위해 수레와 길 양식 보낸 것 보임
2. 야곱이 기뻐 어찌해야 할 줄 모름
3. 야곱 가족 애굽 고센으로 이주

※ 최초 70명 이주 (디나 포함)

야곱 죽음

1. 열두 아들에게 명하기를 그치고
- 147세로 생 마감(애굽 : 17년)
- 애굽 국민 : 70일 애도

2. 야곱의 아들들 : 요셉을 두려워 함
- 형들은 날 해하려 하였으나
- 하나님께서 선으로 바꾸셨다 함
- 요셉 재차 안심시킴

3. 두려워 마소서
- 형들과
- 형들의 자녀들을 내가 기르리이다

※ 요셉 죽음 (창 50:22)
110세 생 마감

애굽 바로왕

1. 이스라엘 탄압정책
2. 애굽 종 : 430년

평신도를 위한

한|눈|으|로|보|는|성|경

2. 출애굽 역사

출애굽 역사 발단

야곱 후손 애굽에서 번성 (출1:1–9)

1. 이스라엘 생육 번성 매우 강함
2. 이스라엘 자손 애굽 온 땅에 가득

애굽왕 이스라엘 탄압 정책 (출1:10–22)

1. 요셉을 알지 못하는 새 왕 일어나 애굽 통치
2. 이스라엘 백성으로 인한 위기감

※마귀 세력:교회가 강해지면 위기감 느껴 교회 탄압(예표)

1차 탄압

1. 감독들을 이스라엘 백성 위에 세우고
2. 무거운 짐을 지워 괴롭힘
3. 바로를 위하여 국고성 비돔과 라암셋을 건축하게 함

1. 학대를 받을수록 더욱 강해짐
2. 애굽 사람 : 이스라엘 때문에 근심

2차 탄압

1. 산파 : 십브라 / 부아 파견
2. 남아는 죽이고 여아는 살리라

1. 바로의 명령을 어기고 아들을 살려줌
2. 하나님이 산파에게 은혜 베푸심
3. 이스라엘 백성 : 더욱 강성해짐

3차 탄압

1. 이스라엘 모든 백성에게 명령
2. 아들이 태어나면 나일 강에 던지고
3. 여아가 태어나면 살려주라함

모 세

모세 출생 (출2:1 –10)

※ 당시 정치 상황
1. 바로왕 → 이스라엘을 대적으로 생각 (인구억제책)
2. 남자 신생아 다 죽이라 명령
3. 출생 후 3개월 동안 몰래 기름
4. 갈대 상자에 넣어 나일강에 띄움

애굽 공주 모세 발견

1. 목욕하러 나왔다가 모세를 발견
2. 왕궁에서 키우도록 명령
3. 유모를 구하도록 지시
   – 멀리서 모세 누이가 지켜봄
   – 모세 어머니를 유모로 천거

공주 모세를 입양

1. 바로 공주의 아들로 입양
2. 궁중 교육을 받고 자람(40년)
3. 민족의 고역을 보고 애굽인 죽임 (모세 살인 탄로)
4. 미디안 피신 (이드로집)

양치는 모세

※ 지도자로 사용키 위한 하나님 계획
1. 왕자에서 목동으로 전락
2. 모세의 실제적 모습
   – 왕궁교육 / 지식 풍부
   – 40년 목동 생활중 성품 변화(인내, 온유)

모세 어떤 인물?

1. 여호와께서 계획한 인물
2. 성경에 나오는 인물 중 인물
3. 인간인지라 때론 교만

모세 결혼

1. 이드로의 딸 십보라와 결혼
2. 두아들 둠 : 게르솜. 엘리에셀

바로왕 / 이스라엘 학대

1. 이스라엘 고통 날로 가중
2. 백성의 부르짖음 여호와께 상달

여호와 모세 부르심 (출3:2-10)

1. 하나님의 산 호렙산의 불
2. 불은 불인데 타지 않은 불
3. 여호와 모세를 부르심 : 80년 기다림
   - 그곳은 거룩한 곳이니 신발을 벗으라
   - 내가 너와 함께 하겠다
   - 고통 받고 있는 네 민족에게로 가라

모세에게 능력주심 (출4:1-19)

1. 지팡이 이적
2. 나병의 이적
3. 모세의 입 : 형 아론

1. 아론은 모세를 도우라
2. 아론 : 모세의 분신
   모세를 하나님 같이 여김

아론 여호와 명령 받다

1. 광야에 가서 모세를 맞음
2. 모세와 아론 입맞춤
3. 모세 : 여호와의 명령 말함

여호와 명령선포

1. 이스라엘 장로들 다 모이라
   - 여호와 명령 / 이적을 보임
2. 백성 모세 믿음 여호와 경외

모세 바로왕 앞에 서다

※ 여호와 명령을 바로 왕에게 전달

1. 이스라엘 백성에게 고역을 중단하라
2. 이스라엘을 출애굽 시켜라
   - 지팡이와 나일강의 이적 보임
   - 물고기가 죽고 온 애굽땅 피바다
3. 바로왕
   - 관심도 갖지 않음
   - 궁으로 돌아감

출애굽

출애굽 여정

출애굽 → (약 3개월) → 시내산 → (약 40년) → 모압 광야

1. 출애굽
2. 홍해 도착
3. 홍해도하 (애굽군 수몰)
4. 광야 생활
5. 가나안 정탐
6. 백성 : 모세에 대한 불평
7. 십계명 받음 (하나님 – 모세)
8. 모세 구스 여인과 재혼
9. 아론 죽음(느보산)
10. 모세 : 여호수아에게 기름부음
11. 모세 죽음

제 사

※ 5대 제사

1. 번제
2. 소제
3. 화제
4. 속죄제
5. 속건제

※ 7대 절기

1. 유월절
2. 무교절
3. 초실절
4. 칠칠절
5. 속죄일
6. 나팔절
7. 초막절

※ 아사셀 (레 16:6–10)

1. 염소에게 사람의 죄를 씌어 광야로 내쫓음
   – 두 마리를 선택 (제비 뽑음)
   – 한 마리 : 아사셀 (떠나 보내다)
   – 한 마리 : 여호와께 제물
2. 아사셀을 위해 뽑힌 염소는 광야에서 죽음으로 인해 사람의 죄가 없어짐

십대 재앙
(출7:14-11:10)

1. 피 재앙 (나일강)
2. 개구리 재앙
3. 이 재앙
4. 파리 재앙
5. 악성 종기 재앙

6. 독종 재앙
7. 우박 재앙
8. 메뚜기 재앙
9. 흑암 재앙
10. 장자 재앙

재앙을 내림

1. 처음 피 재앙 – 아홉째 흑암 재앙까지
   바로왕 하나님 명령 거절
2. 마지막 장자 재앙
   – 왕의 장자부터 온 백성 장자와 가축 처음 난 것 다 죽음
   – 백성 : 다 죽는다 빨리 내보내라
   ※ 바로왕 출애굽 허용

유 월 절
(출12:5-11)

※ 이스라엘 백성에게 축복
1. 제물 : 어린양 숫컷 일년생
2. 양의 피를 문설주, 문인방에 바르고
   고기는 구워 먹으라
3. 재앙이 이스라엘 백성에겐 임하지 않음
   (애굽인에게만 재앙이 임함)

출애굽 (출12:37-41)

※ B/C 1,500년경 출애굽 함
1. 이스라엘 백성
   – 430년 종살이 마감
   – 20세 이상 603, 550명 출애굽
2. 여호와 이스라엘 보호
   – 밤엔 불기둥 – 낮엔 구름기둥

바로의 공격

1. 여호와 : 바로 마음을 완악케 함
   – 병거 600대 대동 이스라엘 뒤를 추격
   – 이스라엘 장막까지 미침
2. 이스라엘 백성
   – 다 죽는다 – 모세 원망

홍해사건 (출14:21)

1. 앞은 홍해요 뒤는 애굽 공격
2. 모세 : 여호와께서 이적 주심
   - 지팡이로 홍해를 치라
   - 홍해가 좌우로 갈라져 물벽 이룸

※ 이스라엘 백성 마른땅 같이 도하

바로왕 / 바로 군대수몰 (출14:28)

1. 이스라엘 뒤를 따라 공격
2. 홍해 물벽이 합류 애굽군 수장
   - 바로왕도 죽고 – 병거 600대도 수장

이스라엘 백성 광야 생활

40년

※ 여호와 모세 부름

1. 하나님과 직접 대면
2. 호렙산에서 40주야 기도
3. 십계명 받음

※ 백성 아우성

1. 금송아지를 제작
2. 우리를 구원한 신이다
3. 모세 진노 돌판 던져 깨짐
   (다시 돌판 받음)

백성 원성 : 주려 죽는다 (출 16:13–31)

※ 하나님 들으심 : 하늘 양식 내려보냄

1. 아침: 만나(꿀 섞은 과자 같음)
2. 저녁 : 메추라기

십계명 (출20:3–17)

1. 나 외에 다른 신을 섬기지 말라
2. 너를 위해 우상을 만들지 말라
3. 네 하나님 여호와의 이름을 망령되게 부르지 말라
4. 안식일을 기억하여 거룩하게 지키라
5. 네 부모를 공경하라
6. 살인하지 말라
7. 간음하지 말라
8. 도둑질하지 말라
9. 네 이웃에 대하여 거짓 증거치 말라
10. 네 이웃을 탐내지 말라

모세 명령 (민13:1-33)

가나안 정탐

1. 정탐군 : 지파별 1명 차출
2. 정탐기간 : 40일

정탐 보고

1. 여호수아와 갈렙
   - 젖과 꿀이 흐르는 땅
   - 우리의 먹이다
2. 10명은 장대와 메뚜기 비교

정탐 보고를 들은 백성

1. 밤이 새도록 통곡
2. 모세와 아론을 원망
3. 애굽에서 나오지 않았더라면 좋았을걸

여호수아 / 갈렙

1. 자기 옷을 찢고
2. 정탐한 땅은 심히 아름답다
3. 젖과 꿀이 흐르는 땅
4. 여호와를 거역하지 말라
5. 두려워 하지 말라 그들은 우리의 먹이다

여호와 진노

1. 가나안 11일이면 들어갈 수 있는 땅
2. 40년 걸리게 하심

이드로의 조언 (출18:19-21)

1. 중간 지도자를 세우라
   - 천부장 - 백부장
   - 오십부장 - 십부장
2. 능력자를 세우라(하나님을 경외, 부당이익 모르는 자)

광야 전쟁

1. 아말렉과의 전쟁
2. 가나안 사람 아랏왕과 전쟁
3. 아모리 왕 시혼과 전쟁
4. 바산 왕 옥과 전쟁

※ **여호와께서 함께 하심 승리**

광야생활 이유

1. 이스라엘 백성의 죄
   - 여호와를 원망
   - 여호와를 신뢰하지 않음
   - 여호와의 말씀에 불순종함
2. 여호와 : 이스라엘 백성 시험
   - 마음이 어떠한지
   - 명령을 잘 지키는지
   - 말씀에 순종하는지

고라의 반역 (민16:1~30)

1. 당을 짓고
2. 다른 불로 분향함
3. 모세를 원망하고
4. 우두머리 250 반역

여호와의 무서운 진노 (민 16:31~49)

1. 모세를 피하라 하고
2. 250명을 불사르고
3. 땅이 갈라지고
4. 염병으로 14,700명 죽음

백성의 온갖 원망

1. 마실 물이 없다
2. 짐승도 다 죽는다
3. 파종할 곳도 없다
4. 무화과 나무도 없다

고린도전서 10:5~10

그러나 그들의 다수를 하나님이 기뻐하지 아니하셨으므로 그들이 광야에서 멸망을 받았느니라 이러한 일은 우리의 본보기가 되어 우리로 하여금 그들이 악을 즐겨 한 것 같이 즐겨 하는 자가 되지 않게 하려 함이니 그들 가운데 어떤 사람들과 같이 너희는 우상 숭배하는 자가 되지 말라 기록된 바 백성이 앉아서 먹고 마시며 일어나서 뛰논다 함과 같으니라 그들 중의 어떤 사람들이 음행하다가 하루에 이만 삼천 명이 죽었나니 우리는 그들과 같이 음행하지 말자 그들 가운데 어떤 사람들이 주를 시험하다가 뱀에게 멸망하였나니 우리는 그들과 같이 시험하지 말자 그들 가운데 어떤 사람들이 원망하다가 멸망시키는 자에게 멸망하였나니 너희는 그들과 같이 원망하지 말라

호렙산 반석의 샘물
(출 17:1~7)

1. 물이 없어 백성 원망
2. 모세를 돌로 치려 함
3. 모세가 여호와께 부르짖음

반석에서 물이 나다

1. 백성 반석 앞에 모이게 함
2. 모세 : 반석에서 물이 나게 하랴
   – 지팡이를 두번 치니 물이 남
3. 백성과 짐승 마심

모세 교만

1. 여호와의 거룩성을 말 안 함
2. 자기 과시 보임
   ※ 이 사건으로 모세 가나안 땅 들어가지 못함

놋뱀 사건
(민21:4-9)

1. 여호와
   – 모세를 원망하는 백성에게 불뱀을 보냄
   – 백성을 물어 죽게함
2. 백성
   – 모세에게 간구
   – 원망한 죄 용서 간구
   – 불뱀을 떠나게 하소서 간구
3. 모세 : 백성을 위한 기도
4. 여호와
   – 모세에게 놋뱀을 만들어 장대에 달라 명령
   – 뱀에 물린 자마다 이 놋뱀을 쳐다보게 하라
   – 믿고 순종 바라보는 자는 모두 나음을 받음

※ 십자가 구원 예표(요 3:14~16)

싹난 지팡이
(민17:8)

※ 반역 지파 가려 냄
1. 각 지파별 지팡이를 준비하라 함
2. 레위 지파만 지팡이에 이름을 쓰라 함
3. 지팡이를 회막 안에 두라 함
4. 아론의 지팡이
 - 싹이 나고
 - 꽃이 피고
 - 살구가 맺음
5. 레위 지파를 제외한 전 지파 반역함
 ※ 백성 원성 그침

아론 죽음
(민20:22-29)

1. 모세가 아론 아들 엘리아살을 데리고
2. 호르산에 올라
3. 아론의 옷을 벗겨
4. 엘리아살에게 입힌 후
※ 아론 123세에 자기 열조에 감

이스라엘 두려운 존재

※ 이스라엘 여호와 함께 하심
1. 홍해가 갈라지고
2. 만나를 먹고 (광야)
3. 전쟁에서 승리 (광야)
4. 원주민들 : 이스라엘을 두려워 함

이스라엘 저주 주문

1. 발락 모압 왕
 - 이스라엘이 두려워
 - 발람에게 저주 주문
2. 발람
 - 하나님께 기도
 - 이스라엘 축복
 - 발락 저주

모세 산상 교육

1. 잊지 말라 (역사적 관점)
   - 신세대 교육 (광야에서 출생한 세대)
   - 출애굽 사건 (애굽 종살이) 상기
   - 홍해 사건 (바로왕 / 군대 수장) 상기
   - 광야 생활 상기
2. 율법적 관점
   - 법도와 규례
   - 말씀을 지켜라
3. 가나안 땅에서 해야 할 일
   - 할례 - 유월절을 지키고
   - 이방인과 정혼치 말라

이스라엘의 음란:모압 광야 (민 25:1–9)

1. 모압왕 발락
   - 미인 작전
   - 음행으로 이스라엘 죄
   - 여호와 이스라엘 저주 꾀함
   - 이스라엘 발락에게 속음
2. 여호와의 진노
   - 백성 24,000명 염병 죽음

모세 소망 기도

1. 이스라엘 축복
2. 가나안 땅 밟고 싶어 함

※ 내게 더 이상 구하지 말라

※ 모세가 가나안 못 들어간 이유

1. 자기 과시 (반석에 물)
2. 모세 임무 : 광야까지
3. 모세 율법 상징

모세의 죽음 예고 / 죽음 (신 34:1–8)

1. 죽기 전 여호수아에게 안수
2. 느보산 정상에서
3. 가나안을 바라보게 하시고
4. 생을 마감

※ 장사한 곳 : 벳브올 맞은 편 (묘지 없음)

※ 모세를 위해 30일간 애곡

3. 여호수아부터 사사시대 역사

여호수아

가나안 시대 (수1:1–18)

※백성 : 여호수아 신뢰
1. 범사에 순종
2. 강하고 담대하소서

가나안 정복 의미

1. 여호와께서 약속한 땅을 주심
2. 하나님 나라를 이룩하기 위한 거룩한 땅
3. 죄악 세상 심판과 하나님 백성의 승리

여호와께서 여호수아에게 하신 말씀

1. 이스라엘에게 준 땅으로 가라
2. 네 평생 너를 대적할 자가 없다
3. 내가 너를 떠나지 아니하리라
4. 율법책을 네 입에서 떠나지 않게 하라

가나안 원주민

※ 7 족
1. 가나안 족
2. 히위 족
3. 헷 족
4. 기르가스 족
5. 브리스 족
6. 여부스 족
7. 아모리 족

정탐군 보냄 (수2:1–7)

1. 정탐군 : 2명 (여리고성)
2. 기생 라합집 유숙
   – 정탐 정보 유출
   – 정탐군 잡으러 옴
   – 라합의 지혜 (숨겨줌)

※ 여리고성 점령시 라합 가족 살려 주기로 언약

가나안의 이스라엘 소문

※ 간담이 서늘하고 두려운 족속

시편 22 : 4 내가 사망의 음침한 골짜기를 다닐지라도 해를 두려워 하지 않을 것은 주께서 나와 함께 하심이라 주의 지팡이와 막대기가 나를 안위하시나이다

요단강 도하
(수3:14-17)

※ 법궤를 멘 자가 요단을 밟는 순간
1. 여호와 ; 요단강 물줄기를 돌림
2. 마른 땅 같이 도하
3. 가나안 점령 : 광야세대 할례
※ 유월절 지키고 지역 소산물 먹음

법궤 이적 증거 비 (수4:1-8)

1. 요단강에서 주어온 돌로
   지파별 기념비 세움
2. 후세에 여호와 거룩함 증거

하늘 군사 대장
(수5:14-15)

1. 여호와께서 군사대장 보냄
2. 군사대장 : 여호수아에게 명령

여리고성 함락
(수6:1-21)

1. 군사대장
   - 여리고성 매일 한 바퀴
     6일간 돌며
   - 7일째 일곱 바퀴 돌 때 나팔과
     함성 성벽이 무너진다
2. 여호수아
   - 믿음으로 순종 행함
   - 성이 무너지고 함락

※ 기생 라합 가족 살려 줌
(거짓말 하고 은혜 입은 자)

아이성 공격 패배/성공
(수7-8장)

1. 아이성 1차 공격 패배
   - 아간의 전쟁 노획물 은닉 죄
   - 여호와 진노 불순종
   - 여호와 명령 추적
   - 아간 자백 돌로 쳐 죽임
2. 아이성 2차 공격
   - 용사 : 30,000명 투입
   - 여호와 전술 주심
   - 아이성 함락

이스라엘 기브온과 화친 외교 (수9:3-15)

※ 이스라엘이 두려워서

1. 기브온
   - 이스라엘을 두려워 함
   - 우리는 이스라엘의 종이 되리라
2. 여호수아 : 화친 맺음
3. 여호수아 실수
   - 여호와께 묻지 않고 화친함
   - 화친 후 속은 걸 앎

기브온 구원

1. 가나안 지역 왕(5명) : 공격
   - 이스라엘과 화친 이유
   - 기브온 이스라엘 도움 요청
2. 여호수아
   - 기브온과 함께 전쟁
   - 대적 왕들을 잡고 승리

여호와의 이적(수10:11-14)

※ 전쟁 주역 하나님

1. 여호와께서 우박 내림
   - 칼에 죽은 자 보다
   - 우박에 죽은 자가 더 많음
2. 해와 달이 멈춰 섬
   - 대적을 물리치고
   - 승리할 때까지

정복하지 못한 지역 (수13:1-7)

1. 블레셋 사람의 모든 지역
2. 가나안에 속한 북쪽 에그론 지역
3. 그발족의 지역
4. 시돈 사람의 지역

여호와 말씀

1. 여호와께서 쫓아내겠다 하심
2. 그 땅을 이스라엘에게 분배
   기업이 되게 함

여호수아 유언 / 업적
(수23:11-16)

※ 유 언

1. 여호와께서 우리와 함께 하심
2. 율법을 지켜라
3. 현지인과 정혼치 말고 그들의 신에게 절하지 말라
4. 하나님은 우리를 사랑하신다

※ 업 적

1. 가나안 정복
2. 지파별 땅 분배
3. 도피성 지정

여호수아 신앙 명령
(수24:14-15)

1. 여호와 경외하라
2. 온전함과 진실함으로 섬기라
3. 다른 신들을 치워버리고 여호와만 섬기라
4. 여호와를 섬기는 것이 좋지 않아 보이면 섬길 자를 택하라
5. 오직 나와 내 집은 여호와를 섬기겠노라

여호수아 죽음
(수24:29-32)

1. 110세에 생 마감
2. 딤낫세라에 장사

이스라엘 결단 응답
(수24:16-27)

1. 결단코 여호와를 버리지 않겠다 함
2. 다른 신 섬기지 않겠다 함
3. 여호와를 섬기겠다 함

※ 큰 돌 가져다가 증거를 삼음

사사 시대
(삿3:7–16:31)

사사시대 통치자

1.옷니엘	2.에훗	3.삼갈	4.드보라
5.기드온	6.돌라	7.야일	8.입다
9.입산	10.엘론	11.압돈	12.삼손
13.사무엘			

통치 기간

350년

하나님 사자 나타나심
(삿2:1–4)

※ 하나님의 명령
1. 이 땅의 백성과 언약을 맺지 말라
2. 그들의 제단을 헐라

※ 이스라엘의 배반
1. 여호와를 버리고
2. 바알을 섬기며
3. 그 땅 주민과 언약함

옆구리에 가시가 되고 올무가 되리라

다 쫓아내지 않은 이유 (삿3:1–3)

1. 남겨둔 족속
   – 가나안 족속
   – 시돈 족속
   – 히위 족속
2. 남겨둔 이유
   – 이스라엘을 시험
   – 전쟁을 모르는 세대에게 전쟁을 알게 함

사사 통치

첫째 사사 / 옷니엘
(삿3:7-8)

1. 여호와 망각
2. 바알과 아세라 섬김

1. 여호와 진노
2. 모압을 18년간 섬김

옷니엘 40년 통치
1. 여호와 영이 임함
2. 모압을 옷니엘 손에

둘째 사사 / 에훗
(삿3:12-30)

1. 백성 여호와 앞에 악을 행함
2. 에글론의 손에 붙힘

1. 모압 에글론을 18년간 섬김
2. 에글론에 곡물을 바침

에훗의 행적
1. 에훗이 에글론왕에게 하나님 명령을 아뢸 일이 있다 속여
2. 다락방으로 유인 칼로 찔러 죽임
3. 80년 간 평안을 누림

셋째 사사 / 삼갈
(삿3:31)

8년 통치
※ 소 모는 막대기로 블레셋 사람 600명 죽임

넷째 사사 / 드보라
(삿4:1-24)

1. 이스라엘 백성 악을 행함
2. 시스라가 이스라엘 억압
3. 20년 동안 심히 학대

1. 드보라가 바락과 함께 시스라 공격
2. 시스라왕 친구 아내 야일집에 피신
3. 친구 아내 야일이 시스라왕를 죽임

40년 통치
※ 드보라와 바락노래 유행
1. 이스라엘 하나님을 찬송
2. 땅이 진동하고
3. 하늘이 물을 내렸나이다

다섯째 사사 / 기드온
(삿6:1-40)

1. 백성 여호와 무시
2. 미디안 이스라엘 박해
 - 7년동안 미디안 섬김
 - 토지 소산을 남겨두지 않음
 - 미디안으로 인해 생활 궁핍

1. 기드온 여호와께 순종
2. 소심한 성격 (양털 : 이슬)
3. 미디안 공격 승리
 - 물을 손으로 움켜 마신 자
 - 300명으로 전쟁 승리 이끔

40년 통치
1. 아내를 많이 둠
2. 전쟁에서 탈취한 금으로 에봇을
 만들어 입음 (올무가 됨)

※ 아비멜렉 (3년 통치)
1. 여룹 바알의 여종 아들
2. 형제 70명중 69명을 살해
3. 세겜 여자가 던진 맷돌에 맞아 죽음

여섯째 사사 / 돌라
(삿 10:1)

23년 통치

일곱째 사사 / 야일
(삿 10:3)

22년 통치

여덟째 사사 / 입다
(삿10:6–11:40

1. 길르앗과 기생간에 출생
2. 본처 소생들 : 입다를 배척함
3. 입다 : 돕으로 피신
4. 이스라엘 : 암몬 전쟁
   – 입다는 큰 용사
   – 장로들 입다를 소환

※입다 여호와께 서원
1. 전쟁 승리를 축하한 자 번제
   – 무남 독녀 외동 딸이 아버지 전쟁 승리을 축하 춤
   – 딸아 왜 날 슬프게 하느냐
2. 여호와께 서원을 약속했느니라

※ 딸의 소원 (번제 전)
1. 아버지 걱정 마옵소서
2. 딸에게 두 달의 시간을 주소서
3. 친구들과 산 위에 올라 처녀로 죽은 걸 애곡하리이다

6년 통치

아홉째 사사 / 입산
(삿 12:8)

7년 통치

열째 사사 / 엘론
(삿 12:11)

10년 통치

열한 번째 사사 / 압돈
(삿 12:13)

8년 통치

열두 번째 사사 / 삼손
(삿 13–16장)

1. 마노아 (아버지) 기도로 출생
2. 여호와 사자가 마노아 아내에게 알림
   – 아들을 낳으리니
   – 나실인이 됨이라

※ 나실인
1. 거룩하게 구별 되고
2. 머리를 자르지 아니하며
3. 독주를 마시지 아니함

삼손의 삶

1. 여호와를 경외
2. 육의 부모를 공경

당시 블레셋 : 이스라엘 괴롭힘

※ 이스라엘을 40년 동안 지배
1. 삼손 블레셋 공격 기회 엿봄
2. 블레셋 여자와 계획적 결혼
3. 블레셋 보복을 위한 목적

삼손 결혼 : 딤나 여인

※ 삼손 수수께끼를 냄(잔치하는 이레동안에)
1. 베옷과 겉옷 30벌을 주리라
2. 일곱째날까지 풀지 못함
   – 삼손 아내에게 이르러 남편을 꾀어라 함
   – 삼손 아내 : 남편을 꾀어 알아냄
     친구들에게 알려줌
3. 삼손 : 암송아지로 밭 갈지 안 했더라면
   알지 못했으리라
   – 수수께끼 푼 자들에게 옷을 주고
   – 심히 노하여 돌아감

※ 삼손의 보복
1. 삼손 장인
   – 삼손이 아내를 미워한 것으로 앎
   – 아내를 삼손 친구에게 줌
2. 삼손
   – 여우 3백 마리를 모아
   – 두 마리씩 꼬리를 잡아매고
   – 꼬리 사이에 홰를 달아 불을 붙히고
   – 곡식 밭으로 들여 보냄
   – 온 포도원과 곡식을 불살라 버림
3. 블레셋 사람들
   – 원인 제공자 삼손 장인과 가족
   – 삼손 아내를 불살라 죽임

※ 나귀 턱뼈로 천 명을 죽임
1. 하나님의 영이 임함
2. 하나님께 사용하시는 도구
   (모세:지팡이, 삼갈:소모는 막대기, 다윗:물매돌)

삼손 : 들릴라와 재혼

1. 들릴라 : 기생(창녀 출신)
2. 블레셋 사람
   – 힘센 비밀을 꾀어내게 함
   – 삼손 : 아내의 간청에 나실인임을 밝힘
3. 블레셋 사람: 삼손을 끌어다가 눈을 뺌

※ 하나님의 영이 삼손에게서 떠남

※ 삼손의 기도
1. 주여 구하옵나니
2. 내게 마지막 힘을 주시어
3. 내 눈을 뺀
4. 블레셋에
5. 원수를 갚게 하옵소서

※ 삼손 죽음
1. 여호와께서 기도를 들으시고
2. 다시 힘을 주시어
3. 기둥을 잡고
4. 건물을 무너 뜨려 블레셋 사람
   (남녀 3,000 명 죽임)
5. 살아서 죽인 자 보다
6. 죽으면서 죽인 자가 더 많더라

20년 통치

첩 사건 (삿 19:1-3)

※ 어떤 레위 사람 / 그의 첩

1. 첩이 행음 남편을 떠나 자기 집에 감
2. 남편이 첩을 데려 오고자 함
3. 장인이 사위를 보고 기뻐함

첩이 돌아옴

1. 돌아 오는 길에 베냐민 한 노인집 유숙
2. 베냐민 불량배를 레위인 첩과 관계 하리라 함
3. 집 주인 : 망령된 일을 하지 말라
   - 남자를 모른 내 딸이 있으니 너희 좋을대로 하라
   - 첩과 관계를 원함
   - 밤이 새도록 첩을 능욕 새벽에 보냄

첩이 죽다 (삿 19:27-30)

1. 첩이 죽는 것을 확인
2. 시체를 12덩이로 나누어
3. 이스라엘 각 지파에 보냄

이스라엘 백성 분노 (삿 20:17-48)

1. 동족간 전쟁
2. 베냐민족 다 죽임
3. 전쟁중 도망친 600명만 생존

이스라엘 백성 한탄 (삿 21:1-25)

1. 베냐민 지파 여자가 없어 대가 끊어짐
2. 이스라엘 여자는 주지 않기로 함

- 길르앗 여자 400명을 데려 오고
- 춤추러 나온 실로 여자를 납치 아내로 삼게 함

※ 이스라엘 왕이 없어
자기 소견대로 행하였더라

나오미 / 룻 (룻 1:1–4:22)

1. 유다 베들레헴에서
2. 아내와 두 아들을 데리고
   모압 이주

※ 모압에 이주한 나오미

1. 남편 엘리멜렉이 죽고
2. 두 아들
   – 첫째 말론 : 오르바와 결혼
   – 둘째 기론 : 룻과 결혼
3. 결혼 후 10년쯤에 두 아들 죽고
4. 남아 있는 자
   – 나오미
   – 오르바
   – 룻

※ 나오미 유다 땅으로 귀향

– 두 며느리에게 –

1. 너희는 너희 집으로 가라
2. 그들과 입맞춤하며 떠나 보내려
   하나 소리 높혀 울며 거절
3. 오르바는 떠나고
4. 룻은 나오미를 쫓으며
   – 날 떠나라 강권치 마소서
   – 어머니의 하나님이 내 하나님
   이니이다(고백)

※ 귀향 후

1. 룻 : 보아스와 결혼
2. 룻이 오벳을 낳음
3. 오벳 : 다윗 할아버지

※ 엘리 (제사장 – 사사)

1. 제사장으로서 이스라엘 40년 통치
2. 사무엘의 영적 지도자
3. 블레셋과의 전쟁 때 아들들 법궤 가지고 감
   – 전쟁 패배 언약궤를 빼앗김
4. 아들의 죄로 가문 파탄
   – 성물을 사취
   – 성소에서 수종드는 여인과 음행
   – 아들 죽음

마지막 사사
사 무 엘

사무엘 출생/봉헌 (삼상1:19-28)

1. 어머니 한나의 기도로 출생
2. 하나님께 서원 약속
3. 어린 시절 : 제사장 엘리 (스승)

사무엘 통치

※ 여호와 말씀 주심

1. 블레셋과의 전쟁
   - 이방신 버리고 - 여호와만 섬기게 함
   - 이스라엘 손에 넘김
2. 이스라엘에 승리 안김

※ 언약궤 돌아옴 (삼상6:1-21)

백성 왕정 요구 (삼상8:4-5)

1. 장로들 사무엘에게 나아가
2. 우리에게 왕을 세워 다스리게 함

왕을 세우라 (삼상8:8-9)

※ 여호와 무시 행위

1. 왕을 세우고
2. 왕 제도를 가르치라

왕을 보내주심 (삼상10:1)

1. 사울 : 사무엘로부터 기름부음 받음
2. 열두지파 : 사울왕 추대
3. 백성 : 만만세

사무엘 유언

1. 여호와를 경외 순종하고 마음을 다해 섬기라
2. 왕을 요구한 이스라엘에 여호와 진노
3. 기도하기를 쉬는 죄를 범치 않겠다 함

평신도를 위한

한|눈|으|로|보|는|성|경

4. 사울부터 다윗, 솔로몬시대 역사

왕정시대

사울왕

사울왕 (삼상10:24)

※ 백성이 왕의 만세를 부름

1. 40 년 통치
2. 모압, 암돈, 에돔, 소바로부터 이스라엘 보호

여호와 사울 버림 (삼상15:11)

1. 여호와 말씀에 불순종
2. 사울을 왕으로 세우신 것을 후회
3. 사무엘 근심 : 여호와께 부르짖음

사무엘 / 사울 불순종 책망

1. 당신을 왕으로 삼으셨는데
2. 말씀에 불순종
- 왕이 번제 –전쟁 노획물 착취

불순종에 대한 사울의 변명

1. 백성이 두려워서
2. 하나님께 제사하려고

※ 여호와께서 왕을 버렸다 하심

사무엘 (삼상16:13)

※ 여호와의 영이 다윗에게 임함

1. 다윗에게 기름 부음
2. 고향 라마로 감 : 죽음 맞음

다윗/사울 섬김 (삼상16:21–23)

1. 여호와 영이 사울에게서 떠남
2. 악령이 사울을 번민케 함
3. 악령을 쫓기 위해 수금 타는 자 찾음
   - 다윗 선발 – 수금 탈 때 악령 떠남

골리앗 이스라엘 공격 (삼상17:1–11)

1. 골리앗 : 블레셋 장군
   - 키가 여섯 규빗하고 한뼘
   - 투구 갑옷 창과 방패로 무장
   - 하나님의 군대 모욕
2. 이스라엘의 왕과 백성 떨고 있음

이스라엘 (구할 자/누구)

※ 온 나라에 방
1. 골리앗과 싸워서 이긴 자
2. 왕의 딸을 주리라

다윗 / 골리앗과 대결 자원 (삼상17:33-36)

1. 다윗 골리앗과 맞서 싸울 것 자청
2. 사울왕 : 어린 네가 어떻게
3. 다윗
 - 사자의 입에서 양을 구하고
 - 곰도 쳐죽인 자임
 - 블레셋 사람도 짐승의 하나 같이 된다 함

다윗 / 왕의 갑옷 거절

1. 사울왕
 - 왕의 갑옷을 다윗에게 줌
2. 다윗
 - 시험적으로 걸어 봄
 - 익숙치 않다 하고 곧 벗음

다윗 / 골리앗을 죽이다

1. 여호와의 구원은 창과 칼 아님
2. 전쟁은 여호와께 속하였다 함
3. 돌 5개와 물매만 갖고 나감
4. 골리앗의 이마를 돌로 까 죽임
※ 골리앗 군사 다 도망함

노래 유행 (삼상18:7)

※ 사울은 천천이요 다윗은 만만이라
1. 사울
 - 다윗을 질투
 - 다윗을 제거키 위해 마음에 둠
3. 딸을 주고 마음에 없는 호의를 베풂

사무엘상 17 : 15
다윗이 블레셋 사람에게 이르되 너는 칼과 창과 단창으로
내게 나아 오거니와 나는 만군의 여호와의 이름 곧 네가 모욕하는
이스라엘 군대의 하나님 이름으로 네게 나아 가노라

다윗 / 사울 딸과 결혼
(삼상18:20)

1. 다윗에게 딸을 주어 환심
2. 사울
   - 다윗에게 결혼 전
   - 블레셋 애굽인 포피 100개 요구
3. 사울은 다윗이 포피를 구하다 블레셋에 죽을 것으로 생각
4. 다윗 : 포피 100개 사울에게 바침

사울 / 다윗 주목 (삼상19:5)

1. 사울
   - 다윗을 죽이려 함
   - 다윗에게 창을 던짐
   - 다윗 피함
2. 사울은 다윗을 두려워함

다윗 / 요나단 (삼상20:3–34)

※ 요나단과 다윗의 형제 맺음

1. 요나단 : 사울 아들
2. 다윗을 자기 생명과 같이 사랑
3. 다윗에게 자기 갑옷과 칼을 줌

※ 다윗 : 사울의 군대 장관

사 울
다윗 정치적 대상

※ 사울 : 다윗을 죽이려고 항상 기회 엿봄

1. 요나단이 다윗에게 사울의 정보를 제공
2. 아내 미갈도 다윗 사랑 도움
   - 밧줄에 달아 내리고
   - 허수아비를 다윗으로 위장 속임

※ 요나단 / 다윗

1. 다윗에게 살해 정보 제공
   - 사울의 마음을 간파
   - 왕의 초청에 불참케 함
2. 사울
   - 요나단의 정보 제공으로
   - 다윗 불참한 걸 알고
   - 요나단에게 단창 던짐

다윗 / 가드(블레셋 땅) 피신 (삼상21:10-14)

※ 다윗 :침을 흘리고 미친 척함
1. 아기스 신하들 : 다윗 아니냐
2. 아기스 왕
- 내게 미치광이가 부족해서
- 미치광이를 데려 왔느냐 (호통)

제사장 대학살 (삼상 22:18)

※ 사울 : 제사장 대학살
1. 제사장 아히멜렉을 포함 85명 학살
- 다윗에게는 도움을 주고
- 사울은 돕지 않는다는 이유
2. 아히멜렉의 아들 아비아달이 제사장 대학살 소식을 다윗에게 전함

※ 제사장 학살의 의미
1. 신정국가 이스라엘 통치자 자격 상실
2. 사울왕 패역 극에 달함

다윗 / 나발 (삼상25:9-11)

1. 다윗 :나발에게 도움 요청
2. 나발 : 다윗에게 모욕
- 다윗이 누구냐
- 모멸적이고 모욕적인 언사

나발을 죽이려함 (삼상25:23-26)

1. 다윗 : 모멸감에 나발 죽이려함
2.. 아비가일 : 나발 아내
- 지혜를 발휘
- 다윗에게 나발 대신 환대
- 나발 살려 줌

나발이 죽다

1. 여호와께서 나발 죽임 (10일 후)
2. 아비가일은 지혜로운 여자임
※ 다윗 : 아비가일을 아내로 맞음

다윗 블레셋 피신

1. 사울의 계속적인 추격
 - 블레셋으로 피신
 - 가드왕 마옥의 아들 아기스에게 감
2. 아기스
 - 다윗에게 은혜를 베풂
 - 다윗에게 시글락 성을 내줌

다윗을 정치적으로 이용

1. 다윗의 군대 이용
2. 국경 일부를 담당케 할 목적

※ 당시에 블레셋은 이스라엘과 전쟁 준비 중

다윗 – 사울을 살려줌

첫 번째 (삼상24:4)

1. 다윗 : 엔게디(염소샘) 도피중
2. 사울
 - 다윗을 잡으러 요새에 들어옴
 - 용변을 보고 있는 사울의 옷을 자름

두 번째 (삼상26:1-11)

1. 십사람:다윗의 피신처 제공
2. 십사람 기득권이 있는 사울 추종
3. 다윗이 십광야에 피신함을 앎
4. 사울 : 광야 앞 하길라산에 진을 침
5. 사울 : 백성 가운데 자고 있음
6. 창과 물병을 가져옴

※다윗 : 사울을 죽이지 않은 이유
1. 기름 부음 받은 자이기에
2. 여호와를 경외하기 때문

※ 사울이 자기를 죽이지 않은 다윗에게
1. 내 아들 다윗아
2. 네가 큰일을 행하겠고
3. 네가 반드시 승리를 얻으리라

블레셋 아기스왕

1. 블레셋과 이스라엘 전쟁
2. 다윗은 아기스의 도움으로 시글락 주둔

블레셋 / 이스라엘 전쟁 (삼상29:2-3)

1. 블레셋
   - 이스라엘 공격 때 다윗의 도움 요청
   - 다윗 : 동족과 전쟁 위기에 처함
2. 블레셋 방백들 : 다윗 불신임
   - 다윗을 어떻게 믿느냐
   - 필요 없다 돌려 보내라
   - 다윗 위기 벗어남

블레셋 / 다윗 전쟁 동참 거절 (삼상29:9-10)

1. 다윗
   - 이스라엘과 전쟁 직전
   - 여호와께서 블레셋 백성 마음을 완악하게 하심
2. 전쟁터에서 돌아온 다윗
   - 3일만에 귀환
   - 그 사이 시글락성 약탈 당함

아말렉 / 시글락성 약탈 (삼상30:2-5)

1. 성을 불사르고
2. 다윗 처자식을 잡아가고
3. 재물을 약탈해 감

다윗 / 아말렉을 뒤쫓다 (삼상30:7-20)

1. 아말렉 : 시글락 약탈 후 승전가를 부름
2. 다윗 : 아말렉의 뒤를 쫓음
   - 아말렉 병사를 몰살시키고
   - 빼앗긴 가족과
   - 빼앗긴 재물들을 되찾음

※ 빼앗겼던 재물보다 더 많은 노획물을 갖고 돌아 옴

전쟁 직전 사울

1. 블레셋 : 이스라엘 공격 전
2. 사울 : 불안 초조

사울 변장 (삼상28:8)

1. 변장하고 신접한 여인(무당)을 찾음
2. 이스라엘과 자기의 운명 물음

신접 여인

1. 자기 신을 부름
2. 죽은 사무엘 등장 (놀람)
3. 사무엘 : 두려워 말라

※ 사무엘 왔음을 사울에게 보고

사무엘 / 사울

1. 왜 자꾸 성가시게 하느냐
2. 여호와께서 널 버리셨다
3. 너에게 재앙이 임하리라

사울 근심 (삼상28:20)

1. 신접한 여인이 불러올린 사무엘의 말을 듣고
2. 하루 밤 낮
3. 먹지도
4. 마시지도 못함

사울 죽음 (삼상31:5-6)

1. 블레셋과의 전쟁에서
   - 사울이 죽고
   - 요나단과 두 형제도 죽음
2. 하나님의 역사 거스름으로 가문이 몰락함

사무엘상 15 : 23
이는 거역하는 것은 점치는 죄와 같고 완고한 것은 사신 우상에게 절하는 죄와 같음이라 왕이 여호와의 말씀을 버렸으므로 여호와께서도 왕을 버려 왕이 되지 못하게 하셨나이다 하니

이 스 라 엘

남유다 왕 다윗
(삼하2:4)

※ 다윗 : 30세에 유다왕 오름
1. 북이스라엘과 전쟁
2. 유다 국력이 강해짐
※ 헤브론에서 7년 통치

북왕국 왕 이스보셋
(삼하2:8-11)

※이스보셋 : 북왕국 왕
1. 유다와 계속 전쟁
2. 국력이 쇠약해짐
※이스보셋 : 사울 아들

남유다 - 북왕국
(삼하2:15-17)

※ 남북 신하들만의 싸움
1. 기브온 못가에서 양국 신하 싸움
2. 남북 각 12명씩 싸움 (유다 승)
3. 북이스라엘 이스보셋왕 살해됨
- 레갑과 그의 형 바아나가 죽임
- 북이스라엘 장로들
- 다윗에게 기름 부음
4. 통일 왕으로 추대

다 윗 왕

다윗 통일 왕
(삼하5:3-5)

1. 북이스라엘 백성 다윗 통치를 원함
2. 다윗 통일 왕국 왕됨
※ 예루살렘에서 33년 통치

※ 이스라엘 40년 통치 (여호와 함께 하심)
1. 모든 전쟁에서 승리
2. 영토 확장 / 부국

이스라엘 통일 (삼하5:20, 6:3)

1. 블레셋과의 전쟁 승리
2. 언약궤 다윗성으로 돌아옴

여호와의 계시 (삼하7:18-29)

※ 선지자 나단이 말함
1. 여호와 : 다윗과 함께 하심
2. 모든 원수를 다윗 앞에 멸하고
3. 다윗을 위대하게 하심
※ 다윗 씨로 왕위 견고케 됨 약속

다윗의 기도 (삼하7:18-29)

1. 여호와여 무슨 말을 하오리까
2. 모든 큰일을 알게 하시고
3. 주 외에 신이 없음이니이다
4. 주의 종 다윗을 주 앞에 견고히
5. 영원히 복되게 하옵소서

다윗의 요나단 사랑 (삼하4:4)

※ 형제 요나단의 아들 찾음
1. 요나단에 대한 그리움
   - 아들 므비보셋을 찾아
   - 궁전으로 초대
   - 평생 왕과 함께 생활
2. 사울 재산 므비보셋 관리
※ 므비보셋 : 다리 절음

다윗 - 암몬 (전투)

1. 암몬 왕이 죽고 아들 하눈이 왕위 오름
2. 다윗 : 조문 보냄
   - 하눈 아버지의 은혜
   - 조문을 정탐군으로 매도
   - 수염을 자르고
   - 볼기짝을 드러내 보냄
3. 다윗 암몬을 공격 멸절 시킴

다윗 밧세바아 간음 사건 (삼하11:2-5)

1. 다윗
   - 왕궁 옥상에서 거닐 때
   - 목욕하는 여인 발견
   - 궁으로 인도 동침
2. 이름은 밧세바
   - 다윗 부하 우리아 장군의 아내
   - 밧세바 : 다윗 씨 가짐

피를 덮고자 우리아 소환

1. 우리아를 전투 중 궁으로 부름
   - 밧세바와 동침 유도
   - 집으로 보냄
2. 우리아 : 전우들을 생각해
   집에 가지 않음

죄를 덮고자 우리아 암살 시도

1. 우리아를 죽이고자 함
2. 전투 지휘관에게 편지를 써
   우리아 손에 들려 보냄
3. 편지 내용 : 전투시 우리아를
   맨앞에 세워 죽게 하라

우리아 죽음

밧세바 슬퍼함

밧세바 입궁

1. 다윗의 왕비로 간택
2. 밧세바도 다윗 사랑

선지자 나단

1. 나단 : 다윗 방문
2. 다윗을 책망함

※ **칼이 네 집에서 떠나지 않으리라**

나단 – 다윗
(삼하 12:1–15)

※ 나단 암양 비유

1. 부잣집에 귀한 손님이 방문
   - 손님 접대를 위해
   - 자기 양을 잡아 접대치 않고
   - 가난한 옆집 양을 잡아 접대
2. 옆집 가난한 자의 양
   - 가족과 같이 먹고
   - 가족과 같이 자고
   - 딸 같이 키운 아주 귀한 양임

왕에게 물음

1. 왕! 그 부자를 어떻게 하겠느냐
2. 당장 죽이리라

나단 힐책

1. 그 자가 바로 너다
2. 죽어야 되지 않겠느냐

힐책 사유

1. 너를 사울의 손에서 구하고
2. 네 주인의 아내를 네 품에 두고
3. 이스라엘을 너에게 맡겼는데
4. 네가 부족한 것이 뭐냐
5. 너의 죄를 알기나 하느냐

회개한 다윗

1. 바로 무릎을 꿇고 회개
2. 여호와께서 죽음은 면케 하심

1. 밧세바의 첫 아이는 죽고
2. 말년에 왕자의 난을 겪게 되며
3. 궁을 떠났다가 돌아오는 수모도 겪게 됨

솔로몬 출생
(삼하12:24-25)

1. 밧세바의 첫 아이는 죽음 (나단 경고 성취)
2. 다윗 : 밧세바를 위로
   - 솔로몬 출생
   - 다윗 가계의 후계자가 됨

암논 / 동생 다말 성폭행
(삼하13:1-22)

※ 암논 : 다윗 아들 / 다말 : 암논 누이
1. 암논 : 누이 동생 다말을 사랑
2. 다말을 사랑 울화병이 생김
3. 다윗에게 간청 다말의 간병 요청

다말 암논 간병

1. 암논 :동침하자 끌어 당김
2. 다말 : 어리석은 짓 말라
3. 힘이 센 암논에게 당함

동생 다말을 성폭행한 암논

1. 다말을 미워함
2. 일어나 나가라
3. 압살롬(다말 오라버니) :
   다말 안심시킴

압살롬의 복수
(삼하13:28-29)

※ 압살롬 : 왕자들 초청 (양털)
1. 압살롬 사전 암논 살해 계획
2. 압살롬이 종들에게 치라 하니
3. 암논을 죽임
4. 왕자들 궁으로 도망

압살롬 피신

1. 그술왕 암미훌의 아들 달매에게 피신
2. 다윗 압살롬 향한 마음 강함

압살롬 귀환
(삼하14:21–23)

1. 요압 장군의 책략
2. 다윗과 압살롬의 재회
3. 2년동안 대면 못함 (귀환 후 다윗 못봄)
4. 압살롬 왕의 얼굴 뵙기를 간청
5. 다윗과 압살롬 입맞춤

압살롬 반역
(삼하15:10–17)

1. 왕권 도전
   – 귀환 4년 후
   – 압살롬 추종자들 단합
2. 내가 이스라엘 왕이다
   – 압살롬에게 백성 모임
   – 백성 민심 압살롬에게 돌아감

다윗 피신
(삼하15:14–16)

1. 모든 신하 대동 피신
2. 후궁 10명은 왕궁을 지키게 함

다윗 / 압살롬

※아히도벨의 계략
1. 압살롬과 모반한 자
2. 여호와의 도우심으로 계략이 채택 안됨
3. 계략이 무산되자 자살

※ 후새의 계략
1. 압살롬에게 좋지않은 계략
2. 여호와께서 후새의 계략을 채택케 하심
3. 다윗을 위한 계략

압살롬 후궁 10명과 동침

압살롬 죽음

1. 노새를 타고 상수리 나무 밑을 지나다가
2. 상투가 상수리 나무에 걸려 매달림
3. 요압의 군사들이 쳐 죽임

슬픔에 잠긴 다윗 (삼하18:33)

※ 압살롬 죽음에 마음 아파함
1. 내 아들 압살롬아
2. 내가 너를 대신 죽었더라면
3. 압살롬아 내 아들 압살롬아 하고 통곡

다윗 환궁 (삼하19:11, 20:3)

1. 요나단의 아들 므비보셋이 왕을 영접
2. 압살롬과 동침한 후궁 10명
   - 별실에서
   - 평생 과부로 지냄

다윗의 승전가 (삼하 22:1-51)

※ 여호와를 찬양
1. 구원의 방패시오
2. 망대요 뿔이시니
3. 여호와의 광채로 불을 지피시다
4. 여호와는 나의 등불이시며
5. 나의 어둠을 밝히시리라

다윗의 마지막 말 (삼하23:1-7)

※ 여호와의 말씀 내 혀에
1. 여호와는 공으로 다스리며
2. 여호와를 경외하고
3. 아침 돋는 해 같으며
4. 구름 없는 아침 같고
5. 비온 뒤 돋아난 새 풀 같아라

※ 하나님이 나와 더불어 영원한 언약을
1. 만사에 구비하고
2. 견고케 하셨으니
3. 나의 구원과
4. 소원을 이루지 아니하랴

다윗 인구 조사(교만) (삼하 24:1-15)

1. 여호와 진노(7년 기근, 석달동안 쫓겨남, 3일동안 전염병)
2. 전염병 택함
3. 전염병으로 백성 7만 명 죽게 하심

다윗 마지막 여인
(왕상1:1-3)

※ 다윗이 늙어 이불을 덮어도 따뜻치 않아

1. 젊은 여자를 구하여 줌
   - 수넴 여자 아비삭
   - 왕을 받들어 모시게 함
   - 왕의 품에 누워 따뜻하게 해드림
2. 연은 맺지 아니함

왕권 도전

1. 왕위계승 서열 1위
2. 압살롬의 동생
3. 용모가 준수
4. 다윗이 서운한 말을 한 바 없음

아도니아
(왕상1:5-18)

무모한 도전

1. 병거와 기병을 준비
2. 호위병 50명을 양성
3. 환심을 사기 위한 왕자와 신하들을 초청 잔치

솔로몬 기름부음(왕상1:34)

1. 나단의 도움으로 밧세바 다윗에게 고함
   - 아도니아 음모 고발
   - 왕자 / 신하 초청 잔치
2. 밧세바와의 언약을 실행하소서
   - 솔로몬을 다윗의 후계자로
   - 나단도 밧세바를 도움
3. 솔로몬에게 왕위 계승 명령
4. 나단 : 솔로몬에게 기름 부음

※ 다윗의 유언 / 죽음

1. 율법을 지키고 여호와 명령을 따르라
2. 성품과 마음을 다해 여호와를 섬기라
3. 생 마감 열조에게 감

이사야 58 : 9
네가 부를 때에는 나 여호와가 응답하겠고
네가 부르짖을 때에는 내가 여기 있다 하리라

솔로몬 왕

솔로몬 통치
(왕상1:38-53)

업적

1. 40년 통치
2. 성전과 왕궁 건축
3. 지방 장관 임명 관리
   - 열두 지방 장관
   - 매년 한달분의 궁중 식량 제공

행적

1. 여호와 사랑
2. 다윗의 법도 따름
3. 일천 번제
4. 이웃나라 조공 받음

※ **정적 제거**

솔로몬 꿈을 꿈
(왕상 3:1-15)

※ **여호와 나타나심**

1. 여호와께서 솔로몬에게 말씀하심
2. 무엇을 줄꼬 말하라
3.. 선악을 구별할 수 있는 지혜 요구
4. 여호와 보시기에 아름답더라
   - 장수를 구하지도 아니 하고
   - 재물을 구하지도 아니 하고
   - 원수의 생명을 요구하지도 아니 하고
   - 오직 송사를 구분 할 수 있는 지혜만을 구함
5. 지혜는 물론 여호와께서 부귀 영화까지 주심

※ **다윗과 같이 법도를 지키면 네 날이 길게 하리라 하심**

이방 여인과 결혼

1. 아내 : 바로의 딸(왕상 11:1)
2. 후궁 700, 첩 300(왕상 11:3)
3. 솔로몬의 마음 : 하나님에게서 돌아서게 함
4. 율법 경고 어김

솔로몬의 송사 재판
(왕상 3:16-28)

1. 한 지붕 밑에 두 여자가 살고 있었음
 - 비슷한 날에 두 여자가 아이를 출산
 - 한 여자가 잠을 자다가 아이를 죽게 함
 - 죽은 아이를 한 집 아이와 바꿔치기함
2. 한 여자가 아침에 보니 아이가 죽었더라
 - 자세히 보니
 - 자기 아이가 아니고
 - 한 집 아이더라
3. 소송

아이를 나누어 주라

1. 살아있는 아이가 자기 아이라 서로 주장
2. 둘로 나누어 갖게 하라

바꿔친 여자

1. 그리하소서
2. 내 것도 뉘 것도 아니되게

바꿔치기 당한 여자

1. 그리하지 마소서
2. 저 여자에게 주소서

판 결

※ 사람의 심리를 이용 판결한 송사 사건
아이를 그리하지 말라는 여자에게 주라

정적 제거

1. 다윗의 반대편에 선 자
2. 귀양 또는 활동 제한
   - 어명을 거역시
   - 즉시 처형

※ 아도니아

1. 밧세바를 찾아 다윗의 마지막 여자 수넴 여인 아비삭을 아내로 맞도록 솔로몬에게 간청
2. 밧세바 수락 후 솔로몬에게 간청
3. 솔로몬이 어머니에게 호통
   - 아도니아가 나의 형이니
   - 왕의 자리도 주라 하소서 (아도니아 처형)

※ 솔로몬 성전

1. 장소 : 예루살렘
2. 기간 : 7년 6개월
3. 다윗 설계도에 의함

성전건축
(왕상6:1:38)

※ 내 · 외부 장식

1. 내부 정금으로 장식
2. 언약궤 : 정금
3. 각종 기구 : 정금

다윗에게 성전 건축은 네 아들이
이루리라는 여호와의 말씀 성취

언약궤 옮김

1. 시온의 다윗성에서 예루살렘 성전으로
2. 성전의 내소인 지성소 그룹들의 날개 아래 (왕상 8:6)

열왕기상 8 : 20

이제 여호와께서 말씀하신 대로 이루시도다 내가 여호와께서 말씀하신 대로 내 아버지 다윗을 이어서 일어나 이스라엘의 왕위에 앉고 이스라엘의 하나님 여호와의 이름을 위하여 성전을 건축하고

성전 봉헌
(왕상8:62-66)

1. 온백성 즐겁고 기쁜 마음
2. 성스럽고 거룩한 제사 봉헌

건 축

1. 장소 : 예루살렘
2. 기간 : 13년

왕궁 건축
(왕상7:1)

규 모

1. 성전보다 더 크게
2. 더 웅장하게 건축

솔로몬 영화

1. 백성들 태평 성대
   - 잠언 : 3,000곡
   - 노래 : 1,005곡
2. 이웃나라에서 조공
3. 전쟁이 없음
4. 재앙도 없음

※ 이웃나라에서 지혜 들으러 옴

솔로몬 기도

1. 경외하는 여호와여
2. 다윗과의 약속을 지키셔서
3. 범죄한 자 용서하시고
4. 어둡고 어리석은 자들에게
5. 기근이나 재해가 없게 하시고
6. 백성의 소리를 들으소서

솔로몬 축복

1. 태평 성대를 주심
2. 모세를 통해 말씀하신 약속을 다 이루심
3. 평화의 왕, 율법(모세 약속)

지혜 구하러 옴
(왕상10:7)

※ 스바여왕이 지혜 구하러 옴
1. 금은 보화와 선물을 갖고
2. 정치적 상업적 목적으로
3. 솔로몬의 지혜를 확인

(왕상 9:1-9)

솔로몬 두번째 꿈

여호와 말씀

1. 네 기도와 간구를 들었다
2. 성전을 거룩하게 구별하고
3. 내 이름을 그곳에 두고
4. 내 눈과 마음이 그곳에 있고
5. 다윗과 같이 행하고
6. 내 명령과 법도와 율법을 행하면
7. 이스라엘 왕위를 견고케 하리라

여호와 경고

1. 내 법도를 어기고
2. 계명을 지키지 아니하고
3. 이방신을 섬겨 경배하면
4. 거룩하게 된 성전도 던져 버리고
5. 속담 거리가 되게 하리라
6. 여호와를 버리고 다른 신을 섬기더니
7. 재앙을 내리셨다 하리라

여호와 버림

1. 이방인과 통혼하고
2. 이방인의 아스다롯과 밀곰을 섬기고
3. 여호와 앞에 악을 행하고
4. 다윗의 길을 걷지 아니함
   - 예루살렘 앞 산에 신당을 짓고
   - 이방 신에게 분향함

※ 나라를 빼앗아 네 신하에게 주리라 하심

솔로몬 죽음
(왕상 11:41-43)

※ 분열 왕국 초래
솔로몬 말년에 인간의 지혜와 영화도
헛되고 헛된 것이라 고백(전도서)
※ 솔로몬 자기 열조에게로 감

평신도를 위한

한|눈|으|로|보|는|성|경

5. 솔로몬 이후 분열 왕정시대 역사

분열 왕국 시대

남 유 다

유다 지파 / 베냐민 지파

북이스라엘

10개 지파

북 이 스 라 엘

첫째왕 : 여로보암
(왕상12:20)

※ 여로보암은 누구인가?
1. 솔로몬의 낯을 피해 애굽 피신
2. 솔로몬 사후 귀환 북이스라엘 왕으로 추대된 인물

※ 여로보암 왕의 죄
1. 여호와를 잊고 말씀 불순종
2. 우상을 섬기고 악을 행함
3. 영적 간음
4. 레위 자손 아닌 보통 백성 제사장

22년 통치
아들 나답이 왕위 오름

둘째왕 : 나답
(왕상14:20)

1. 여호와 보시기에 악을 행함
2. 여로보암의 길을 감
3. 유다와 일생 동안 전쟁
4. 여호와 하나님을 노엽게 함
5. 바아사가 모반, 왕을 죽임

2년 통치
바아사가 왕위 오름

셋째왕 : 바아사
(왕상15:33)

1. 여호와 보시기에 악을 행함
2. 여로보암의 길을 감
3. 여호와 진노

24년 통치
아들 엘라가 왕위 오름

넷째왕 : 엘라
(왕상16:8)

1. 왕이 술에 취해 있을 때
2. 병거 지휘관 시므리가 왕을 모반 죽임

2년 통치
시므리가 왕위 오름

다섯째왕 : 시므리
(왕상16:15)

백성 : 왕이 전 왕을 살해함을 앎

왕 시므리가 스스로 자결

7일 통치
군대장관 오므리
왕 위에 오름

여섯째왕 : 오므리
(왕상16:22)

1. 여호와 보시기에 악을 행함
2. 수도 이전 (디르사 →사마리아)

12년 통치
아들 아합이 왕위 오름

일곱째왕 : 아합
(왕상16:29-34, 18:1-46)

1. 여로보암의 죄를 가볍게 여김
2. 시돈왕의 딸 이세벨을 아내 삼음
3. 바알과 아세라를 섬기고 숭배

4. 맏아들 아비람을 잃었고
5. 막내 아들 스굽도 잃음
6. 수년동안 비도 내리지 않음

※ 엘리야가 아합왕에게 요청
1. 바알과 아세라 선지자 갈멜산 모이게 하라
2. 엘리야와 대결(1 : 850)
3. 송아지와 장작을 준비하고 쌓은 후 기도로 자기 신 불러 하늘에서 불이 내리게 함

자기 신을 부르라

※ 바알 / 아세라 먼저 하라
1. 자기 신을 부름
2. 대답이 없다 (크게 부르라)
3. 엘리야가 조롱
4. 외출을 했거나 낮잠을 잘지 모르니 더 크게 부르라
5. 불을 지피지 못함

※ 엘리야가 여호와를 부르시다
1. 장작에 물을 부으라
2. 고기를 올려 놓으라
3. 엘리야 여호와께 기도하심
4. 하늘에서 불이 내려와 불지핌

※ 아합에게 여호와를 보여 줌

※ 바알과 아세라 선지자
850명 죽임

엘리야의 기적
(왕상18:41-46)

※ 가뭄이 그침
1. 엘리야가 갈멜산 꼭대기에 올라
- 엎드려 얼굴을 무릎 사이에 넣고
- 사환에게 7번까지 바다를 바라보게 하니
- 바다에서 작은 구름이 일어 나더니
- 구름과 바람을 동반
- 하늘이 캄캄하여지며
- 비가 내리더라

※ 사르밧 과부집
1. 밀가루통을 채워 주시며 떨어지지 않게 하시고
2. 빈 기름통을 채워 주시어 역시 떨어지지 아니하게 하심
3. 과부에게 일어난 일
- 아들이 죽음
- 죽은 아들을 살리심

※ 앨리야가 엘리사를 부름
(엘리야를 따르며 수종듬)

선지자 미가야 아합에게 경고
(왕상22:1-28)

※ 아합왕 : 미가야를 싫어함
1. 아합에게 길한 일은 예언하지 아니하고
2. 흉한 일만 예언하기로
3. 미가야를 미워 함

※ 미가야가 왕에게 경고
1. 왕이 전쟁에서 결코 돌아 오지 못하리라
2. 시드기야가 미가야의 뺨을 때림
3. 미가야를 옥에 가둠 (돌아오나 보라)

1. 아합왕이 변장하고 전쟁에 나감
2. 무심코 쏜 적 화살에 죽음(왕상22:34)
3. 거짓 선지자 시드기야도 영이 떠남

22년 통치
아들 아하시야가 왕위 오름

여덟째왕 : 아하시야
(왕하1:1-18)

※ 왕이 다락방에서 떨어져 병듦
1. 왕의 사자가 에그론의 신 바알세불에게 물으러 감
2. 엘리야 : 사환에게 왕이 침상에서 내려 오지 못하고 반드시 죽으리라 전하라

※ 왕이 엘리야를 만나고자 함
1. 두번의 부름에도 가지 않고 군사 100명을 다 불로 죽임
2. 세번째 : 오십부장 엎드려 절 50명의 생명을 보호하소서
3. 여호와께서 가라 하신다
4. 왕 네가 반드시 죽으리라 함

※ 엘리야에게 소원 물음
1. 당신의 성령의 역사가
2. 갑절이나
3. 네게 임하게 하소서

※엘리야 승천 (왕하2:8-10)

※ 겉옷으로 요단을 치니 마른 땅이 됨
1. 불수레와 불말이 두 사람을 갈라 놓음
2. 회오리바람과 함께 승천

※ 엘리야 응답
1. 어려운 것을 구하는 구나
2. 내가 승천하는 것을 볼 경우
3. 이루어지리라

2년 통치
아들 여호람이 왕위 오름

아홉 번째왕 : 여호람
(왕하3:1-27)

1. 선왕의 길을 걷지 않음
2. 바알과 앗세라 상을 부숨

12년 통치
아들 예후가 왕위 오름

선지자 엘리사의 이적

1. 아이를 갖게 함
2. 죽은 아이를 살림
3. 나아만 장군 나병을 깨끗하게 치유해 줌
4. 물에 빠진 도끼를 뜨게 하여 건져 줌
5. 대적한 적군의 전략을 알게 하여 대비 승리케 함

※ 보리떡 20개로 100명이 먹고 남음 (왕하 4:42-43)

열 번째왕 : 예후
(왕하9:1-10)

※ 바알 제사장들을 죽이려 계획
(왕하10:18-24)
1. 예후는 바알을 많이 섬기리라
2. 바알에게 제사를 드리려 한다
3. 바알 선지자 모두 다 나오라
4. 바알 신당에 다 모이게 한 후
5. 예후가 칼로 다 쳐 죽임

※ 바알 신당 자리에 변소를
(왕하10:25-27)
1. 바알 신당 목상을 부수고 불사르고
2. 신당을 헐며
3. 그곳을 변소로 만들어 버림

1. 예후가 금송아지를 섬기는 죄에서는 못떠났으며
2. 진심으로 율법을 지켜 행하지는 못하였느니라

28년 통치
아들 여호아하스가 왕위 오름

열 한번째왕 : 여호아하스
(왕하13:1-9)

※ 이스라엘 학대 받음
1. 여로보암의 죄가 떠나지 않음
2. 아람왕이 이스라엘 학대

※ 아하스가 여호와께 간구
1. 여호와께서 들으심
2. 아람왕의 학대를 벗도록 함

1. 영적 음행을 하고 있으며
2. 사마리아의 아세라 목상을 그대로 둠

17년 통치
아들 요아스가 왕위에 오름

열두번째왕 :요아스
16년 통치
※ 선지자 엘리사 죽음

열세번째:여로보암2세
2년 통치
아들 스갸랴 왕위 오름

열네번째왕 : 스가랴
6개월 통치
살룸이 모반 왕 죽임

1. 여호와 보시기에 악을 행함

2. 여로보암의 길을 감

3. 지도자와 백성 여호와를 잊음

열다섯번째왕 : 살롬
1개월 통치
므나헴이 모반 죽임

열여섯번째왕 : 므나헴
10년 통치
아들 브가히야 왕 오름

열일곱번째왕 : 브가히야
2년 통치
베가가 왕을 모반죽임

열여덟번째왕 : 베가
20년 통치
호세아가 왕 모반 죽임

열아홉번째왕 : 호세아
(왕하17:1-41)

앗수르에 조공을 바침

조공이 중단되자 공격

※ 앗수르 : 북이스라엘 침공
1. 호세아가 배반함을 알고
2. 왕을 옥에 가두고
3. 앗수르 왕이 사마리아를 3년 간 포위
4. 호세아 왕 제9년에 점령 당함 북이스라엘 멸망

북이스라엘의 죄
(왕하17:7–41)

※ 여호와 진노

1. 애굽의 바로왕 손에서 벗어
나게 한 여호와를 잊음
2. 다른 신을 섬기고
3. 이스라엘 자손이 불의를
행하며
4. 여호와를 배역하고
5. 산당을 세우고
6. 악을 행함

※ 백 성

1. 여호와의 말씀을 듣지 않고
2. 악한 길에서 떠나 나의 명령과
율법을 지키라 하였거늘
3. 듣지 아니하고 목을 곧게
하였으며
4. 여호와의 명령을 버리고
자기를 위해 금송아지를 만들고
5. 일월성신, 바알을 섬김

※ 징 벌

1. 여호와께서 온 족속을 버리사
2. 노략군의 손에 넘기시고
3. 마침내 그의 앞에서
4. 이스라엘을 쫓아 내시니라

※ 말씀 성취

1. 북이스라엘의 몰락
2. 유다만이 존속
이스라엘 맥 계승

이사야 64 : 6

무릇 우리는 부정한 자 같아서 우리의 의는 다 더러운 옷 같으며 우리는 다 잎사귀 같이 시듦으로 우리의 죄악이 바람 같이 우리를 몰아 가나이다

남 유 다

첫째왕 : 르호보암
(왕상11:43)

1. 내 아버지는 채찍으로 너희를 징계하였으나
2. 난 전갈 채찍으로 징계한다

1. 이스라엘이 다윗의 집 떠남
2. 유다지파 외에는 다윗의 집을 따른 자가 없음

17년 통치
아들 아비얌이 왕위 오름

둘째왕 : 아비얌
(왕상 15:1-7)

3년 통치
아들 아사가 왕위에 오름

셋째왕 : 아사
(왕상15:8-22)

1. 조상 다윗과 같이 행함
2. 남색하는 자를 몰아내고

1. 어머니 태후위를 폐하고
2. 우상을 찍어내고

※ 아사 개혁 (왕하15:9-20)
1. 여호와 제단을 재건
2. 가증한 물건 다 버리라
3. 목숨을 다해 여호와를 찾으라

41년 통치
1. 아사의 실수 – 아람왕을 의지
2. 왕의 병을 여호와께 구하지 않고 의원을 의지 죽음
3. 아들 여호사밧 왕위에 오름

넷째왕 : 여호사밧
(대하17:1-9)

여호와께서 함께 하심

유다가 강해 짐

※여호사밧의 개혁 (대하19:4-11)
1. 여호와를 두려워 하라
 - 불의도 없고
 - 좌우로 치우침도 없고
2. 여호와께 죄를 범하지 말라

25년 통치
아들 여호람이 왕위 오름

다섯째왕 : 여호람
(대하21:1-20)

1. 아우들과 방백들을 죽임
2. 산당을 세워 음행

3. 그 죄로 자녀와 아내를 치심
4. 중병 들어 창자가 빠져나와 죽음

8년 통치
막내 아하시야가 왕위에 오름

여섯째왕 : 아하시야
(대하22:1-9)

1. 북왕국 아합의 길로 감
2. 어머니 아달랴가 왕의 씨를 모두 죽임

3. 왕의 딸 여호사브앗이 아하시야의 아들 요아스를 숨김

1년 통치
어머니 아달랴가 왕위 오름

일곱째왕 : 아달랴
(대하22:10, 23:1–15)

1. 왕자들이 죽임 당하는 중에 요아스를 몰래 숨겨 둠

2. 무리가 왕자를 면류관 씌우고 왕으로 세움

※ 제사장 여호야다의 개혁
(대하23:16–21)
1. 바알 신당을 부수고
2. 제단과 형상들을 깨고
3. 바알 제사장 맛단을 죽임
※ 아달랴를 궁밖으로 끌어내 죽임

6년 통치, 여섯째 왕 아들
요아스가 왕위에 오름

여덟째왕 : 요아스
(대하24:1–27)

1. 여호와 보시기에 정직히 행함
2. 여호와의 전 보수
3. 모든 방백들 기뻐함

4. 하나님 전을 견고케 함
5. 여호와 전에 쓸 그릇도 만들었음
6. 여호와 전에 항상 번제

※ 여호야다의 정책을 뒤집다
(대하24:15–22)
1. 여호야다가 죽은 후 (130세)
2. 방백들이 요아스에게 절하며
– 아세라상과 우상을 섬기고
– 선지자들의 경고에도 듣지 않음

40년 통치
아들 아마샤가 왕위 오름

아홉째왕 : 아마샤
(대하25:1-28)

1. 여호와 보시기에 정직히 행함
2. 온전한 마음은 갖지 아니함

3. 부왕을 죽인 신하를 죽임
4. 죄인의 자녀는 죽이지 아니함

※ 여호와 : 아마샤 버림
1. 무리가 반역
2. 아마샤 라기스로 도망
3. 반역한 무리들이 쫓아가 죽임
4. 시신:조상들과 함께 유다 성읍에 장사

29년 통치
아들 웃시야가 왕위 오름

열번째왕 : 웃시야
(대하26:1-23)

1. 다윗의 길을 감
2. 하나님을 찾음

3. 여호와께서 형통하게 하심
4. 암몬 : 웃시야에게 조공 바침

※ 웃시야의 교만과 나병 발병
1. 교만
- 백성 : 솔로몬시대의 화평을 누림
- 월권 : 왕으로 제사장 역할을 함
2. 나병 발병
- 제사장 일은 제사장이 해야 함
- 웃시야가 분향할 때
- 제사장이 책망함 : 나병 발병(이마)
- 죽는 날까지 별궁에서 지냄
※ 아들 요람이 백성과 왕궁 관리

52년 통치
아들 요람이 왕위에 오름

열한번째왕 : 요담
(대하27:1-9)

1. 부왕의 행위대로 함
2. 여호와 보시기에 정직함

3. 백성은 여전히 부패
4. 유다 성읍과 망대 건축

1. 여호와 앞에 바른 길을 걸음
2. 유다가 강해짐

16년 통치
아들 아하스가 왕위 오름

열두번째왕 : 아하스
(대하28:1-7)

※ 우상 섬김
1. 바알들의 우상 섬김
3. 푸른 나무 아래서 제사 드림
3. 이방인들의 가증한 것 본받음

※ 여호와 진노
1. 아람 왕의 손에 넘김
2. 포로로 잡혀 다메섹으로 감
3. 왕의 용사들을 다 죽이게 하심

※ 선지자 오벳 도움으로 포로 귀환
1. 포로로 잡힌 자가 20만명
2. 오벳이 사마리아로 오는 군대를 영접
3. 여호와께서 진노하심으로 너희 손에 넘기셨다 하거늘
4. 노기가 충천하여 살육하고
5. 예루살렘 백성들을 노예로 삼고자 하느냐
6. 너희는 포로로 잡아온 형제들을 돌려 보내라 (먹이고 입혀서 돌려 보냄)

16년 통치
아들 히스기야가 왕위에 오름

열세번째왕 : 히스기야
대하29:1-19)

※ 다윗의 행실과 갖게 행함
1. 여호와의 정문을 수리
2. 여호와의 전을 성결하게 함
3. 더러운 것을 성소에서 없애라
4. 여호와를 섬기다

※ 히스기야의 잘못
1. 바벨론에서 온 사절단에게 보물 창고를 보여줌
2. 여호와께서 질책하심
3. 후에 바벨론으로 다 옮겨짐

※ 히스기야의 개혁 (대하31:1-21)
1. 여호와의 율법에 힘쓰게 하라
2. 성심으로 예물과 십일조를 구별 드려라
3. 절기를 성대히 지켜라

※ 앗수르가 예루살렘을 위협
1. 산헤립의 신하들
   - 여호와와 히스기야를 비방
   - 히스기야의 신도 내 손에서 구원치 못하리라
2. 히스기야
   - 네가 누구를 조롱하느냐
   - 너는 듣지 못하느냐
   - 네가 왔던 길로 가리라

※ 히스기야의 교만
1. 부와 영광이 극한지라
2. 금은보석과 향품이 창고에 가득

※ 히스기야의 발병과 회복
(왕하20:1-11)
1. 히스기야가 죽을 병에 걸림
2. 간곡한 기도로 15년 더 살게 하심

29년 통치
아들 므낫세가 왕위에 오름

열네번째왕: 므낫세
(대하33:1-9)

1. 부왕 히스기야가 헐어버린 신당을 다시 세우고
2. 바알을 위해 제단을 쌓고

3. 점치고
4. 신접한 자와 박수를 의지
5. 여호와 진노하심

※ 므낫세를 결박 바벨론으로

1. 여호와께서 치게 하시어
2. 므낫세를 결박 바벨론으로 끌고 간지라
3. 므낫세의 간절한 기도
4. 여호와께서 들으시고
5. 므낫세를 되돌아 오도록 하심
6. 그제서야 여호와 하나님이신 줄을 알더라

므낫세의 기도(대하33:12-13)

1. 환난을 당하여 여호와께 간구
2. 그 조상들의 하나님 앞에 겸손

55년 통치
아들 아몬이 왕위에 오름

열다섯째왕 : 아몬
(대하33:21-25)

1. 여호와 보시기에 악을 행함
2. 우상에게 절하고 섬기며

3. 스스로 겸손치 못하고
4. 신하가 반역, 궁중에서 죽임

2년 통치
아들 요시야가 왕위에 오름

열여섯번째 왕:요시야
(대하34:1-7)

1. 여호와 보시기에 정직히 행함
2. 좌나 우로 치우치지 아니하고
3. 다윗의 길로 감

4. 예루살렘을 정결케 함
5. 산당과 아세라를 버리고
6. 바알의 제단을 허뭄

※ 율법책 발견 (대하34:8-28)
1. 성전 수리중 율법책 발견
2. 왕이 통회
3. 언약궤 규례 백성에게 알림
 - 마음과 뜻 다해 여호와께 순종
 - 계명과 법도를 지키라

※ 요시야의 개혁
1. 산당을 헐고
2. 바알 제사장을 죽이고
3. 마음과 뜻 다해 유월절을 지키며
4. 율법을 지키라

※ 느고와 전쟁중 적군의 활에 맞아 죽음

31년 통치
예레미야애가 : 요시야를 위한 것
(대하35:25)
아들 여호아하스가 왕위에 오름

열일곱번째 왕:여호아하스
(대하36:1-8)

국력이 쇠태

왕을 폐위 애굽으로 끌고 감

3개월 통치
형제 엘리야김 왕위 오름

열여덟번째왕 : 여호야김
(왕하23:36, 24:1–5)

바로 느고가 엘리야김을
여호야김으로 개명 왕 세움

엘리야김 : 여호아하스의 형제

1. 바벨론 느브갓네살왕이 왕을 결박
2. 바벨론으로 끌고 감

11년 통치
아들 여호야긴 왕위 오름

열아홉번째왕 : 여호야긴
(왕하24:8–17)

1. 바벨론 느브갓네살이 예루살렘 성을 포위
2. 왕과 왕의 가족 바벨론 끌고감

3. 예루살렘성전 보물도 탈취
4. 시드기야 : 여호야긴의 숙부
   (맛다니아 : 개명)

3개월 통치
시드기야 왕위 오름
※ 여호야긴 : 바벨론 감옥

스무번째왕 : 시드기야
(왕하24:18–20)

1. 바벨론에서 세운 왕임을 망각
2. 애굽과 동맹

3. 바벨론이 예루살렘을 포위
4. 예루살렘 함락 (망함)

시드기야 : 11년
유다 멸망
※ 70년 포로 생활 시작

유다 남은 백성 (왕하25:22-26)

그달리야가 백성 관리

그달리야 : 바벨론에서 임명

그달리야 죽음

1. 느다니야의 아들 이스마엘
   - 부하 10명과 함께
   - 그달리야를 죽임
   - 유다 백성도 죽임
2. 백성과 군대 장관들이 애굽으로 감

여호야긴 석방 (왕하25:27-30)
1. 죄수의 의복을 벗게 하고
2. 종신토록 왕의 앞에서 먹게 함

예고된 상황 (유다 운명)

※ 여호와
1. 경고에도 깨닫지 못함
2. 징벌을 가함

※ 백 성
1. 여호와를 잊고
2. 말씀에 불순종
3. 우상 섬김

여호와
말씀 성취를 위해 유다 존속 유지

신명기 17 :19
평생에 자기 옆에 두고 읽어
그의 하나님 여호와 경외하기를
배우며 이 율법의 모든 말과
이 규례를 지켜 행할 것이라

평신도를 위한

한|눈|으|로|보|는|성|경

6. 포로 시대 역사

포로시대

유다 포로 / 식민 생활 (왕하25:18-21)

포로로 잡혀감

1. 여호와 경고
2. 왕과 백성이 포로로 잡혀 감

※ 70년의 식민 생활

여호와 경고

1. 끝이 다가온다
2. 심판날이 다가온다
3. 말씀에 순종하라

경고 무시

유다 죄

1. 여호와 율법 무시
2. 영적 간음
3. 선지자 멸시

유다 멸망

1. 바벨론 공격
2. 예루살렘 함락
3. 백성 나라 잃음

주권 상실

※ 주권 이동

주권: 바벨론 → 바사 → 헬라 → 로마

※ 여호와 70년 후 포로 귀환 약속

유다 슬픔

1. 하나님을 잃어버리고
2. 나라도 빼앗기고 식민생활
3. 백성 비참한 생활

바벨론 유다 백성 관리 (단1:4-6)

※ 유다를 영구 통치하기 위해
1. 유대인중 지혜 있는 자를 선발
   - 갈대아 사람의 학문과
   - 언어를 가르치라
2. 다니엘, 하나냐, 미사엘, 아사랴가 선발됨

바벨론왕 꿈 (단2:1-2)

1. 왕이 꾼 꿈을 알고 싶고
2. 해석할 자를 찾음
3. 왕의 꿈을 말하고 해석 못하면 지식인 다 죽이라 명령

전국에 방

1. 왕의 꿈을 말하고 해석한 자
2. 선물과 상품
3. 영광을 보이리라

왕 통분

1. 꿈을 해석할 자가 없으니
2. 바벨론 지식인 다 죽이라 함

※ 다니엘과 세 친구도 같은 운명

꿈 해석자가 나타나지 않음 (단2:14-16)

※ 지식인 다 죽이라 명령
1. 근위대장 아리옥이여
2. 왕이 어찌 그리 급하냐
3. 다니엘 내가 말하고 해석하리라

다니엘 꿈 해석
(단2:31-45)

꿈을 말하다

1. 큰 신상의 꿈
2. 머리는 금, 가슴과 팔은 은, 배는 놋, 종아리는 철, 발은 철과 진흙

꿈 해석 (여호와 주심)

1. 왕은 왕중의 왕이시라
2. 권세와 능력을 왕에게 주셨고 장래 일을 말씀하심

왕 / 다니엘을 높임
(단2:48-49)

1. 다니엘 궁중 생활
2. 세 친구 지방 장관
3. 귀한 선물과 상
4. 바벨론 모든 지혜자의 우두머리가 됨

※죽기 직전의 모든 바벨론 지혜인 살리다

바벨론 관리들 / 다니엘 시기
(단3:16-18)

※ 다니엘을 음해하기 위해
다니엘과 세 친구가 하나님만을 섬김을 알고

1. 나팔소리와 수금과 모든 악기 소리가 날 때에 바벨론 금신상에 절하는 것을 금령으로 제정 봉인
2. 다른 신을 섬기고 절하지 않은 자 풀무불 던짐
3. 세 친구 : 그리 아니하실지라도 세 친구 금신상에 절하지 아니하고 하나님께 기도

다니엘 세친구 / 풀무불
(단3:19-23)

1. 평소보다 더 뜨겁게
2. 결박을 하고 풀무불에 던짐

왕이 놀람
(단3 :24-25)

1. 세 사람을 던졌는데
2. 네 사람이 불 가운데 거닐고 있고
   - 상하지도 않았으며
   - 신들의 아들과 같더라

불속에서 꺼냄
(단3:26)

※ 왕이 하나님을 찬송
1. 불이 몸을 해하지도 아니 하였고
2. 머리털도 그을리지 않았으며
3. 겉옷 빛도 변하지 아니함을 봄
※ 왕이 세 친구를 더욱 높이다

왕의 두 번째 꿈
(단4:20-27)

1. 바벨론 지혜자들 꿈을 말하고 해석할 자 없음
2. 다니엘이 꿈을 말하고 이르되
   - 나무가 하늘에 닿았고 잎사귀는 아름답고 …
   - 나무를 베고 잘라버림

다니엘 왕의 꿈 해석

1. 지극히 높으신 이가 명령한 것이 왕에게 미칠 것이요
2. 왕이 사람에게서 쫓겨나 소처럼 풀을 먹으며
3. 일곱 해를 지낼 것이라

다니엘 왕께 간청

1. 왕이여 아뢰는 것을 받으시고
2. 공의를 행함으로서
3. 죄를 사하고
4. 가난한 자를 긍휼이 여기시면
5. 왕의 편안함이 영원하리라

왕의 꿈 현실로
(단4:32)

1. 느브갓네살왕이 사람에게서 쫓겨나
2. 소처럼 풀을 먹고
3. 몸이 하늘의 이슬에 젖었더라

왕 (하나님께 찬양)

1. 기간이 차매 (일곱 해)
2. 총명이 다시 돌아와
3. 하나님께 감사 찬양
4. 느브갓네살왕 하나님을 알게 하심

※ 시간이 지나 회복 후 왕도 죽고 아들 벨사살이 왕위에 오름

벨사살왕 궁전 잔치 (단5:4-6)

1. 귀족 1,000명을 위해 궁전 잔치
2. 예루살렘에서 탈취해온 금은그릇 사용
3. 벨사살이 술에 취해 우상들을 찬양
4. 왕궁 벽에 새겨진 글

※ 메네 메네 데겔 우바르신(단5:25)
※ 꿈해석자 총리로 임명 공포

다니엘 / 왕 앞에 섬
(읽고 해석)

왕 고민

1. 읽고 해석할 자가 없음
2. 부왕의 꿈 해석한 다니엘 왕 앞에 세움

다니엘 해석

1. 왕이 부족하다
2. 나라를 바사에 준 바 되리라

꿈의 실현 (단5:30-31)

1. 그날밤 바사의 공격으로
2. 벨사살왕이 죽고
3. 바벨론이 바사에 멸망 다리오왕의 통치를 받음

유 다

※ 유다 : 바사의 속국(식민생활)
1. 바벨론이 바사에 함락 되므로
2. 유다는 뜻과 상관없이 바사의 식민 생활

다니엘 / 바사 총리 임명 (단5:29)

1. 나라 통치를 위해 총리 3명을 둠
2. 다니엘을 총리 임명 (3명중 한사람)
3. 다니엘에게 전국을 다스리게 함

바사 관리 / 다니엘을 시기 (단6:7-9)

1. 다니엘을 죽이기 위한 방안 모색
2. 다니엘이 평소 하루에 3번씩 창문을 열고 하나님께 기도한 것을 앎
3. 관리들 하나님의 율법을 근거로 해서 다니엘을 고발할 근거를 찾음
4. 관리들
- 금령 제정 : 30일 동안 누구든 바사의 신을 버리고 자기 신에게 절을 하거나 기도할 경우
- 사자굴에 던지기로 금령을 제정

※ 왕이 금령에 봉인

다니엘

1. 금령 제정 봉인을 알고도
2. 하루에 3번씩 기도
3. 하나님께 감사

관리들 / 다니엘 상소

1. 다니엘이 하나님께 기도 하는 것을 발견
2. 왕에게 상소 (사자굴)

※ 다니엘을 끌어다가 사자굴에 던짐 (단6:16)

다리오왕 밤새 걱정 (후회)

1. 다니엘을 사자굴에 던지게 하고 나서
2. 밤이 새도록 금식
3. 다니엘이 무사하기를 기도

이른 새벽 사자굴 확인 (단6:22)

※ 건강한 다니엘
1. 하나님이 천사를 보내시어
2. 사자의 입을 봉하셨고
3. 나의 무죄함을
4. 하나님이 보이셨나이다

기쁨에 찬 왕 (단6:23)

1. 왕이 심히 기뻐하며
2. 다니엘을 굴에서 올릴 때
3. 몸이 조금도 상하지 아니함을 보고
4. 하나님을 믿음이었더라 함

상소한 자들 모두 사자굴에 (단6:24)

1. 다니엘을 상소한 신하와 그 처자
2. 사자굴에 던져 넣으니
3. 발이 바닥에 닿기도 전에
4. 사자가 움켜 뼈까지 부서 뜨리더라

왕 / 다니엘 높힘 조서 내림 (단6:26-28)

1. 사람들은 다니엘의 하나님 앞에서 두려워 할지니
2. 그는 살아계신 하나님이시요
3. 그 나라는 멸망하지 아니할 것이며
4. 권세는 무궁할 것이고
5. 하늘과 땅에서 기적과 이적을 행하시는 이로서
6. 다니엘을 사자의 입에서 벗어나게 하심

※ 다니엘
바사 다리오왕의 시대와
고레스왕 시대를 형통하게 하심

다니엘 기도
(단9:3-19)

1. 주여 구하옵나니
   - 주는 주의 공의를 따라
   - 주의 분노를 주의 성 예루살렘과
   - 거룩한 성에서 떠나게 하옵소서
2. 들으시고 용서하옵소서
   - 귀를 기울이시고 행하소서
   - 지체하지 마소서
   - 나의 하나님이여 주 자신을 위하여 하옵소서

포 로 귀 환

바사 / 고레스왕 포로 귀환 조서
(스1:2-4)

※ 여호와께서 고레스왕을 감동

1. 온 나라에 선포 조서를 내려
2. 이스라엘 하나님 백성을 고국으로 귀환
3. 예루살렘 성전을 건축케 하라

귀환 지도자

1. 스룹바벨 2. 에스라 3. 느헤미아
(세 차례에 걸쳐 귀환)

귀환 인원 (스2:64)

1. 귀환 백성 : 42,360명
2. 빼앗겼던 금은 그릇도 돌아 옴

여호와 사랑

1. 유다를 사랑
2. 지도자를 세우시고
3. 지도자에게 능력 주시며
4. 솔로몬 시대의 예루살렘 회복

귀 환

하나님 영이 임함

1차 귀환

지도자 : 스룹바벨
1. 성전건축 길을 열다
2. 백성 계도

2차 귀환

지도자 : 에스라
1. 성전 건축
2. 여호와 송축

3차 귀환

지도자 : 느헤미야
1. 나라를 위한 기도
2. 유다 개혁

성전 건축

1. 고레스왕 때 시작
2. 백성 : 여호와께 찬양

성전건축 중단
(스4:1–24)

※ 성전건축 소식 : 사마리아에 전해짐
1. 바사왕에게 상소
   - 유다가 예루살렘에 돌아와
   - 패역한 성전을 건축
   - 성곽을 완료하면
   - 조공과 관세를 바치지 아니할 것임
2. 아닥사스다왕 : 조서 초본을 공포
3. 다리오왕 2년까지 중단

성전 재건축 (스6:6–7)

1. 유다 : 다리오왕에게 상소
2. 다리오왕 공사 재개 명령
3. 성전건축 완료 : 다리오왕 6년

신 · 구약 중간시대

마지막 선지자 말라기 (BC 4세기)

1. 언약의 사자가 임하실 것 예언 (말3:1)
2. 예언 이후 암흑시대

신구약중간 역사 예언(단 8)

메대 (단 8:20)

1. 두 뿔을 가진 숫양, 나중에 난 뿔이 더 길었음
2. 메대 바사국의 모습
3. 바사(페르시아) 제국이 더 강성함 (단8:3-4)

헬라 (단 8:21)

1. 한 숫염소가 서쪽에서부터 와서
2. 두 뿔 가진 숫양 뿔을 꺾고 짓밟음
3. 헬라가 페르시아제국 멸망시킴 (단8:5-7)

로마 (단 8:8)

1. 숫염소의 큰 뿔이 꺾이고
2. 네 뿔이 사방을 향해 남
3. 알렉산더 사후
4. 수하 장군들에 의해 4분 (단8:8)

수리아 제국(4분된 국가중) 안티오쿠스 4세 에피파네스 출현(단8:9)

1. 이스라엘 성전 더럽힘 (단8:10-13)
2. 마카비 혁명과 안티오쿠스 4세 에피파네스 죽음 (단8:25)

유다는 백성들이 뜻과 상관없이 계속 식민생활

갈라디아서 4 : 4
때가 차매 하나님이 그 아들을 보내사
여자에게서 나게 하시고 율법 아래에 나게 하신 것은

평신도를 위한

한|눈|으|로|보|는|성|경

7. 예언서(선지서)

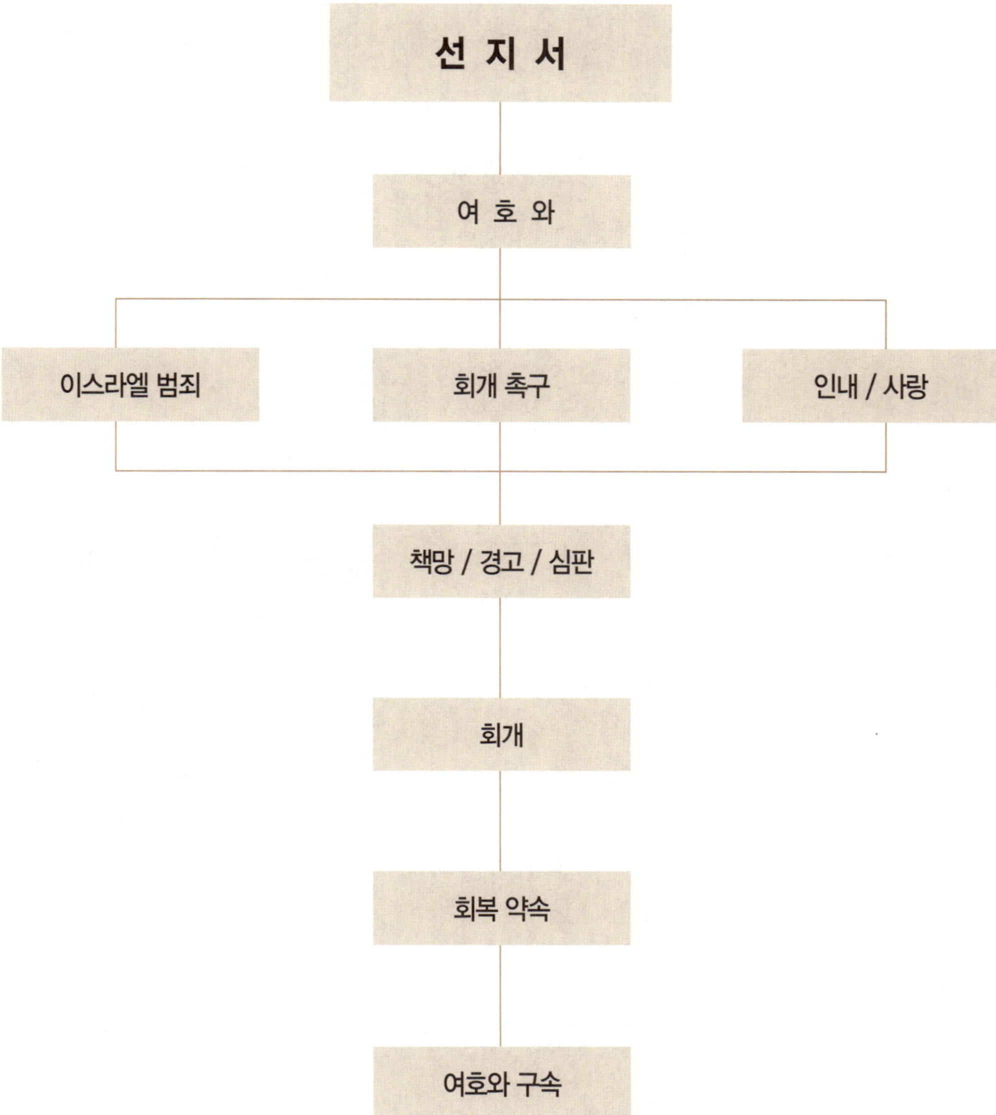

※ 오실 예수님

1. 그의 이름은 기묘자라 모사요
2. 통치자 만왕이시며
3. 공의로 심판하시고
4. 우리의 질고를 다 짊어지고 가실 분

※ 마지막날 (종말) 예고

이 사 야

시대적 배경과 주제

1. 배경
   북이스라엘 범죄로 멸망 당한 때 (BC 722년)
   남유다도 범죄로 위기에 처한 때
2. 주제
   범죄한 이스라엘 향한 심판 경고
   메시야 통한 궁극적 구원 약속

※ 이스라엘 책망 (사1:2-4)

1. 소는 임자를 알고 나귀는 주인을 알건만
2. 이스라엘은 알지도 깨닫지도 못함
3. 범죄한 나라요 허물진 백성
4. 행악의 종자 부패한 자식이라 함

참된 신앙 (사 1:10-17)

1. 무수한 제물이 내게 무엇이 유익하뇨
2. 헛된 제물을 내게 가져오지 말라
3. 너희가 악행함을 내가 견디지 못하겠다
4. 회개 거절 칼에 죽음/ 순종 땅의 소산 먹음

메 시 야 예 언 (사 7 – 12 장)

임마누엘 징조

1. 보라 ! 처녀가 잉태하여
2. 아들을 낳을 것이며
3. 그 이름을 임마누엘이라 하라

평화의 나라 (사 11:1-16)

1. 이새의 줄기에서 싹이 남
2. 공의로 가난한 자 심판
3. 열방이 그에게 돌아옴

감사 찬송 (사 12:1-6)

1. 하나님은 나의 구원이시며
2 나의 힘이 되심
3. 여호와께 감사 만국 중에 선포

여호와의 날
(사 24 – 27장)

땅을 벌하심

1. 땅이 슬퍼하고 쇠잔함
2. 세계가 쇠약하고 쇠잔함
3. 율법과 언약을 깨뜨렸기 때문

심판과 회복

1. 바다의 용을 죽이시고
2. 후일에 야곱의 꼬리가 박히며
3. 이스라엘이 움이 돋고 꽃이 필것임

찬 송

1. 강한 민족이 주를 영화롭게 함
2. 포악한 자들이 주를 경외
3. 사망을 영원히 멸하시고
4. 눈물이 없으며
5. 백성의 수치를 천하에서 제하심

회복과 위로의 예언
(사 40 – 66장)

이스라엘 구속 예언 (사 40 –48장)

1. 기쁜 소식 전할 자를 예루살렘에 보냄
2. 세상에 정의를 세우고
3. 이방의 빛이 되게 하시며
4. 눈 먼 자의 눈을 밝히시며
5. 흑암에 있는 자를 나오게 하심

여호와의 종 인도 예언 (사 49 –55장)

1. 예루살렘을 회복
2. 주리거나 목마르지 아니하며
3. 더위와 볕에 상하지 않게 하시고
4. 샘물 근원으로 인도할 것임

미래에 대한 예언 (사 56 –66장)

1. 우상 숭배를 규탄
2. 백성이 죄악을 자백
3. 여호와께서 승리하심

마지막 날 (사 2:1–11)

1. 심판주가 오시기 전 복음이 온 땅에 전파됨
2. 복음이 땅끝까지 전파된 후 종말이 옴
3. 백성의 할 일
   - 회개하라!
   - 죄는 무서운 것이나 더 무서운 것은 회개하지 않은 것
   - 말씀에 순종하고
   - 우상을 버리라

오 실 예 수

예수님 오심 (사 9:6)

1. 한 아이가 우리에게 났고
2. 그의 어깨에 정사를 메셨으며
3. 그의 이름은 기묘사라 모사요
4. 전능하신 하나님 아들이시고
5. 영존하신 아버지시며
6. 평강의 왕이시라

백성이 돌아옴 (사 11:1–16)

1. 열방을 향하여 기치를 세우고
2. 흩어진 자들을 모으시며
3. 유다를 괴롭힌 자들을 끊으시고
4. 애굽땅에서 나오던 날과 같이 하리라

그리스도의 고난 (사 53 : 4 – 6)

1. 그는 우리의 질고를 지고 슬픔을 당하시며
2. 징벌을 받아 고난 당한다 하였노라
   –그가 찔림은 우리의 허물 때문
   –그가 상함은 우리 죄악 때문
   –그가 징계를 받음, 우린 평화 누림
   –그가 채찍을 맞음, 우린 나음 받음
3. 우리, 다 양 같이 제 갈길로 갔음
4. 우리 모든 죄는 그에게 담당시키심

하나님이 기뻐하시는 금식 (사58:6–7)

1. 흉악의 결박과 멍에를 풀어주고
2. 압제 당하는 자를 자유케 하며
3. 모든 멍에를 꺽는 것이라
4. 주린 자에게 양식을 / 유리하는 자를 집에 들이고
5. 헐벗은 자를 입히는 것임

새 하늘 새 땅
(사 65 : 7 – 25)

하나님께서 창조

1. 자기 백성을 위해
2. 의인들만
3. 예수의 피로 정결케 된 자

영원히 기뻐하며 즐거워함

1. 우는 소리가 들리지 아니하고
2. 영원토록 기뻐하고 즐거워하며
3. 하나님과 동행하는 기쁨

해함이나 상함이 없는 곳

1. 질병이나 고통이 없으며
2. 다투거나 싸우는 소리를 들을 수 없다

※ 현재 삶이 새 하늘 새 땅으로 이어짐
명심하고 결단하는 삶 강권함

예 레 미 야

시대적 배경과 주제

1. 배경
   애굽과의 전쟁에서 전사한
   요시야 왕의 죽음을 애도함
2. 주제
   – 유다왕의 멸망과 회복 선언
   – 유다 왕국의 확정된 심판 선포

예레미야의 소명 (렘 1 : 5)

1. 너를 모태에서 짓기 전 너를 낳았고
2. 나오기전에 너를 성별하였으며
3. 여러 나라의 선지자로 세웠노라

※ 하오나 나는 아이니이다.

하나님의 격려 (렘 1 : 6 – 9)

1. 너는 아이라 말하지 말라
2. 내가 너를 누구에게 보내든지
3. 너는 가며
4. 무엇을 명령 하든 너는 말할지어다
5. 내가 내 말을 네 입에 두었노라

백성에게 심판 (렘 4 : 12 – 13)

1. 이보다 더 강한 바람이 오리니
2. 이제 내가 그들에게 심판을 행할 것이라
3. 보라 그가 구름 같이 올라 오나니
4. 그의 병거는 회오리 바람 같고
5. 그의 말들은 독수리보다 빠르도다
6. 우리에게 화 있도다
7. 우리는 멸망하도다 하리라

※ 예루살렘아 악을 씻어 버리라
그리하면 구원을 얻으리라(4:14)

※ 백성은 나를 알지 못하는 어리석은 자요
지각이 없는 자라(4:22)

유다 왕국 회복 예언

예레미야 애가

시대적 배경과 주제

1. 배경
   예루살렘이 바벨론에 멸망한 상황
2. 주제
   – 비탄시(1. 2. 3. 4 장)
   – 기도시(5 장)

슬픔을 토로한 시(애 가)

처녀 시온의 슬픔(I) (애 1장)

1. 열방중에 공주였던 자가 이제 강제 노동을 하는 자가 되고
2. 밤에 슬피우니 눈물이 뺨에 흐르며
3. 위로하는 자가 없고
4. 친구들도 배반하며 원수가 되었도다

여호와 진노하심 심판(II) (애 2장)

1. 여호와께서 자기 제단을 버리시며
2. 자기 성소를 미워하시고
3. 궁전의 성벽을 원수의 손에 넘기시며
4. 여호와의 전에서 떠들기를 절기의 날과 같이 하도다

진노 중 여호와의 인자 긍휼 자비(III) (애 3장)

1. 소망이 끊어지며 고초와 재난 곧 쑥과 담즙을 기억하소서
2. 그것을 기억하고 낙심이 되오나 오히려 소망이 되었음
3. 여호와의 인자와 긍휼이 무궁하시므로 우리가 진멸되지 아니함

예루살렘 파멸의 참상 이유(IV) (애 4장)

1. 아 슬프다 어찌 금이 빛을 잃고
2. 성소의 돌들이 거리 어귀마다 쏟아 졌는고
3. 딸 내 백성의 죄가 소돔 죄악보다 무겁도다

회복에 대한 간구(V) (애 5장)

1. 여호와여 우리의 당한 것을 기억하시고
2. 우리의 치욕을 살피소서
3. 어찌하여 우리를 잊으시며
4. 오래 버리시나이까

에 스 겔

시대적 배경과 주제

1. 배경
   앗수르가 바벨론에, 바벨론이
   바사에 멸망
2. 주제
   – 범죄한 유다 멸망 / 회복 예언
   – 열방에 대한 하나님 심판

에스겔의 소명
(겔 1 – 3장)

패역한 백성에게 말씀을 전할 사명

1. 그들이 듣든지 아니 듣든지 내 말을 고할지라
2. 패역한 족속 같이 패역치 말고
3. 내가 네게 주는 것을 먹으라
4. 보라 !
   – 한 손이 나를 향하여 펴져 있고
   – 그 안에 두루마리 책이 있더라

파수꾼으로서의 사명

1. 내가 입을 벌리고 그가 두루마리를 내게 먹이시며
2. 인자야 내가 네게 주는 두루마리는 배에 넣으며 창자에 채우라
3. 하시기에
   – 내가 먹으니
   – 그것이 달기가 꿀같더라

가서 전하라

1. 사로 잡힌 백성에게 가서
2. 그들에게 고하여 이르라
3. 듣고도 악한 마음과 악한 행위에서 돌아오지 아니하면
4. 죄악중에 죽으리라

※ 그러나 너는 네 생명을 보존하리라

유다 범죄와 심판
(겔 4 – 24장)

환 상(겔 5 : 2)

1. 터럭 1/3을 성읍에 불사르고
2. 1/3은 성읍 안에 칼로 치며
3. 1/3은 바람에 흩으리니

현 실 (겔 5 : 12)

1. 1/3은 전염병으로 죽고
2. 1/3은 사방의 칼에 엎드러지며
3. 1/3은 내가 칼을 빼리라

우상 숭배에 대한 심판 (겔 6:7)

1. 너의 제단들이 깨지고
2. 죽임을 당하며
3. 우상 앞에 엎드려지게 할 것이라

이스라엘 끝이 다가온다 (겔 7:10)

1. 볼지어다 그날이로다
2. 볼지어다 임박했도다
3. 정한 재앙들이 이르렀으니
4. 몽둥이가 꽃이 피며 교만이 싹튼다

불에던질 땔감 같은 예루살렘 (겔15:2–6)

1. 내가 수풀 가운데 있는 포도나무를
2. 불에 던져
3. 땔감이 되게 한 것 같이
4. 예루살렘 주민도 그같이 할지니라

아버지와 아들의 죄악과 의 (겔18:14–20)

1. 범죄한 영혼은 죽을지라
2. 아들은 아버지의 죄를 담당치 아니하며
3. 아버지는 아들의 죄를 담당치 아니함

※ 의인의 공의도 자기에게로,
악인의 악도 자기에게 돌아가리라

예루살렘 회복과 새 성전 새 땅
(겔 33 – 48장)

예언성취된 예루살렘 (겔 33:1–33)

1. 나는 악인이 죽은 것을 기뻐 아니하고
2. 악인이 그 길에서 떠나 사는 것을 기뻐 한다
3. 이스라엘 족속아 돌이키고 돌이키라
4. 너의 악한 길에서 떠나라
5. 어찌 죽고자 하느냐

회복에 대한 예언 (겔 34:10)

1 내가 내 양을 그들의 입에서 건져
2. 다시는 그의 먹이가 되지 않게 하리라
3. 나 여호와는 그들의 하나님이 되고
4. 그들과 화평의 언약을 맺으며
5. 그들이 빈 들에 평안히 거하며 수풀 가운데서 잘 지라

새 성전과 새 땅 (겔 40:1–48)

1. 이상 중에 새성전을 보여 줌
   – 성소와 지성소
   – 골방들
   – 제사장 방
   – 번제단 등
2. 성전에서 물이 흘러 나옴
   – 은혜의 강물
   – 사랑의 강물

마른뼈가 살아남 : 큰 군대
(겔 37:1–14)

1. 역사적 : 이스라엘 회복

2. 영적
   – 죄와 허물로 죽은 영들이 하나님의 은총으로 살아남 의미
   – 교회의 탄생과 부흥

호 세 아

시대적 배경과 주제

1. 배경 : 북이스라엘(여로보암2세)의 비극적인 종말기
2. 주제 : 호세아의 비극적인 가정을 통해 이스라엘 범죄와 회복 다룸

음란한 아내(고멜)와 남편 호세아 (호 1 – 3장)

호세아의 예언적 결혼 (호 1:2)

1. 음란한 여자와 결혼하라
2. 음란한 아들을 낳아라
3. 이 나라가 음란함이라

고멜과의 결혼은 하나님 사랑 (호 2:2–23)

1. 공의/정의/은총을 긍휼히 여김으로
2. 네게 장가 들며
3. 진실함으로 네게 장가를 들리니
4. 네가 여호와를 알리라

고멜의 구속을 통한 이스라엘 회복

1. 타인의 사랑을 받은 음녀인 여자를
2. 호세아에게 사랑하라 함 : 호세아야 사랑하라!

이스라엘 징계 (호 4 – 13장)

이스라엘 죄악 고발

1. 아이 배지 못한 태와 젖 없는 유방을 주옵소서
2. 산 더러 우리 위에 무너지게 하리라
3. 악을 밭 갈아 죄를 거두고 거짓 열매를 먹었나니

이스라엘 회복 예언

1. 그들을 사랑하리니 나의 진노가 떠났음이라
2. 백합과 같이 피겠고
3. 백향목 같이 뿌리가 박힐 것이라

요 엘

시대적 배경과 주제

1. 배경 : 포로 귀환 백성 죄로 가득함
2. 주제 : 여호와의 날

여호와의 날 전조 메뚜기 재앙
(욜 1 : 1 – 2 : 17)

메뚜기 재앙과 참상

1. 팥중이가 남긴 것 메뚜기가 먹고
2. 메뚜기가 남긴 것 느치가 먹고
3. 느치가 남긴 것 황충이 먹도다

이방의 침공으로 여호와의 날 경고

1. 여호와의 날 임박
2. 어둡고 컴컴한 날이요
3. 전에도 없었고 이후에도 없으리라

종말적 여호와의 날 예언

회복의 축복에 대한 예언 (욜 2:23)

1. 너희를 위해 비를 내리되
2. 이른비를 적당히 주시리니
3. 이른비와 늦은비가 예전과 같을 것이라

성령 강림 약속 (욜 2:28)

1. 내 영을 만인에게 부어 주리니
2. 자녀들이 장래 일을 말할 것이요
3. 늙은이는 꿈을 꾸고
4. 젊은이는 이상을 볼 것이라

대적의 심판과 이스라엘 축복 (욜 3:1–21)

1. 대적의 최후 심판
   – 포도주틀에 악이 가득하고
   – 악이 큼이라
2. 이스라엘의 승리 / 축복
   – 유다는 영원히 있겠고
   – 예루살렘은 대대로 있으리라

아 모 스

시대적 배경과 주제

1. 배경 : 남유다 웃시야
북이스라엘 여로보암 2세
최고 번영 누리던 시대
2. 주제 : 참 신앙에는 반드시
사회적 정의가 수반되어야 함

열방과 이스라엘에 대한 심판 예언

열방에 대한 심판 (암 1:3-5)

1. 타작하듯 길르앗을 압박하고
2. 하나엘 / 데만에 불을 보내며
3. 다메섹의 빗장을 꺾고
4. 에그론을 치며
5. 블레셋에 남아있는 자를 멸하리라

유다에 대한 심판 (암 2:4-5)

1. 여호와의 율법을 멸시하고
2. 율법을 지키지 아니한
3. 유다에 불을 보내어
4. 예루살렘의 궁궐을 사르리라

이스라엘에 대한 심판 (암 2:6-16)

1. 연약한 자의 길을 굽게 하였음
2. 빨리 달음박질 하는 자도 도망칠 수 없고
3. 용사도 목숨을 구할 수 없다

심판 환상 (암7:1-9:10)

A
메뚜기
어떻게 서리이까

B
불
바다도 삼킴

C
다 림 줄
칼로 치리다

D
여름 과일
시 체

E
부서지는 문설주
집이 망함

오 바 댜

시대적 배경과 주제

1. 배경 : 멸망할 에돔에 대한 묵시
2. 주제 : 이스라엘의 원수인 에돔에 대한 하나님의 심판

오바댜의 묵시
(옵 1 : 1 – 21)

에돔에 대한 심판 선언

1. 너를 나라 가운데 작게 하고
2. 높은 곳에 거주해도 끌어 내릴 것이며
3. 에서의 산에 있는 자는 다 죽임을 당하리라

에돔의 운명

1. 형제 야곱에게 행한 포악으로
2. 부끄러움을 당하고 영원히 멸망함

이스라엘의 미래

1. 에서의 산과 평지와 블레셋을 얻음
2. 베냐민은 길르앗을 얻을 것임

야곱과 에서의 비교

1. 야곱 족속은 불이요
2. 요셉 족속은 불꽃이 되며
3 .에서 족속은 지푸라기가 될 것

요 나

시대적 배경과 주제

1. 배경 : 민족적 시기 고조
2. 주제 : 이방인에 대한 하나님 사랑

요나가 여호와를 피해 도망
(욘 1 : 1 – 2 ; 9)

소명을 저버리고 도피하는 요나

1. 요나가 여호와의 얼굴을 피해
2. 다시스(배를 타고)로 피신
3. 여호와가 큰 바람을 바다에 내림
   – 풍랑을 만난 배
   – 배가 파산 직전이라
   – 각자 자기 신을 부르며
   – 짐을 바다에 버림

자기 죄 자백한 요나

1. 배 밑바닥에서 잠을 자고 있음
2. 선장이 어찌함이냐 일어나라 함
3. 제비를 뽑아 누구때문인지 확인하자 함
4. 요나는 자기 때문임을 알고 있다 함
5. 요나가 뽑힘
6. 나를 바다에 던지라 함

요나를 바다에 던진 후

1. 여호와께서 큰 물고기를 준비
2. 물고기를 통해 요나를 구원
3. 3일동안 물고기 뱃속에서 회개/기도
4. 물고기가 요나를 지상에 토함
   ※ 오실 예수님 예표

니느웨로 달려간 요나 (욘 3:1–10)

1. 회개하라 회개하라
2. 40일이면 니느웨 멸망한다
3. 왕과 백성 회개(금식기도)
4. 니느웨 구원

미 가

시대적 배경과 주제

1. 배경 : 유다 히스기야 왕 때
   북왕국이 점차 붕괴됨
2. 주제 : 심판과 희망에 대한 예언

미가의 묵시 (A)

이스라엘에 대한 심판 선언 (미 1:2–16)

1. 야곱의 허물, 이스라엘 백성의 죄라
2. 그 상처는 고칠 수 없고
3. 그것이 유다까지 이르고
4. 내 백성의 성문 예루살렘에도 미친지라

심판의 이유 (미 2:1–13)

1. 침상에서 죄를 꾀하고 악을 꾸미며
2. 밭을 탐하여 빼앗고
3. 집들을 탐하여 차지하니
4. 그의 산업들을 강탈하도다

미가의 묵시 (B)

예루살렘 멸망 예언 (미3:1–12)

1. 선을 미워하고 악을 꾀하니
2. 밤을 만나리니 보지 못할 것이라

회복과 승리 예언 (미 4:1–13)

1. 여호와의 전의 산이 굳게 섬
2. 작은 산들 위에 뛰어남
3. 민족들이 그리로 올라 갈 것임

메시야 도래 예언 (미 5:1–13)

1. 이스라엘을 다스릴 자
2. 그가 창대하여 땅끝까지 미침
3. 이 사람은 평강이 될 것임

이스라엘의 부패 만연

1. 먹어도 배부르지 아니하고
2. 씨를 뿌려도 추수하지 못하리라

나 훔

시대적 배경과 주제

1. 배경 : 앗수르가 북왕국을 멸망시킴
   남유다에도 위협적 상황
2. 주제 : 니느웨에 대한 하나님 심판

여호와의 진노 (나 1:1–15)

1. 바다를 꾸짖어 바다를 말리며
2. 모든 강을 말리리니
3. 바산과 갈멜이 쇠하여
4. 레바논의 꽃이 시들도다

니느웨 멸망의 참상 (나 2:1–13)

1. 강들의 수문이 열리고
2. 왕궁이 소멸되며
3. 왕후가 벌거벗은 몸으로 끌려가니
4. 시녀들이 가슴을 치며 슬피 우는도다

니느웨 멸망의 불가피성 (나 3:1–19)

1. 화 있을진저 피의 성이여
2. 거짓이 가득하고
3. 탈취가 떠나지 아니하는도다

악의 파멸은 하나님의 승리

1. 의의 승리
2. 진리의 승리
3. 믿음의 승리

※ 주 안에 있는 이들은 승리의 기쁨을 나눔
※ 죄악은 필연적으로 심판으로 귀결됨

하 박 국

시대적 배경과 주제

1. 배경 : 악인들이 횡행하고 형통하는 부조리 한 현실로 인하여 하나님께 항변함
2. 주제 : 의인은 현실의 어떠함이 아닌 오직 믿음으로 살게 됨을 확신함

하나님과 대화하는 하박국
(합 1–2장)

하박국의 질문 (합 1:1–17)

1. 어찌하여 죄악을 보게 하시며
2. 패역을 보게 하시나이까
   – 겁탈과 광포가 내 앞에 있고
   – 변론과 분쟁이 났나이다
3. 율법이 해이하고
4. 정의가 시행되지 못하나이다

하나님의 응답 (합 2:1–20)

1. 너는 묵시로 기록하여 판에 명백히 새기라
2. 달려 가면서 읽을 수 있도록 하라
3. 종말이 속히 오겠고
4. 더딜지라도 기다려라(반드시 응함)

※ 의인은 그의 믿음으로 말미암아 살리라

감사와 찬양 노래 (합 3:1–19)

1. 감사
   – 여호와여 주는 수년내 부흥케 하옵소서
   – 진노중에라도 긍휼을 잊지 마옵소서
2. 찬양
   – 주의 영광이 하늘을 덮었고 그의 찬송이 세계에 가득하도다
   – 여호와는 나의 힘이시며
   – 기뻐하고 즐거워하리다

스 바 냐

시대적 배경과 주제

1. 배경 : 므낫세와 암몬의 사악한 통치가 끝나고 요시야왕이 즉위, 배교 상황 만연
2. 주제 : 여호와의 날에 임할 하나님 심판의 두려움을 경고함

여호와의 날 심판과 세계성
(습 1 – 2장)

유다와 예루살렘 심판 (습 1:1–18)

1. 지붕 위에서 하늘의 별들에게 경배
2. 여호와를 배반
3. 찾지도 아니하며
4. 구하지도 아니한 자들을 멸하리라

열국의 심판 (습 2:4–15)

1. 찔레가 나고 소금 구덩이가 되게 하며
2. 모든 산을 쇠약하게 하고
3. 사막 같이 메마르게 하리라

영원한 구원 (습 3:1–20)

1. 영원한 심판
   - 나의 분노와 모든 진노를 쏟으며
   - 여러 나라를 소집
   - 왕들을 모으리니
   - 온땅이 나의 질투의 불에 멸하리라
2. 영원한 구원
   - 곤고하고 가난한 백성을 남겨 두리니
   - 그들이 여호와 이름을 의탁하여 보호를 받을지라

학 개

시대적 배경과 주제

1 .배경 : 포로에서 귀환한 백성들이
현실적 문제로 성전재건 중단함
2. 주제
– 백성과 지도자들을 향한 책망
– 성전 건축과 메시야 시대 예언

성전 재건축 명령
(학 1:1–15)

백성과 지도자 책망 (학 1:6)

1. 뿌릴지라도 수확이 적으며
2. 먹을지라도 배부르지 못하고
3. 마실지라도 흡족하지 못하며
4. 입어도 따뜻하지 못하고
5. 일군이 삯을 받아도 그것을 구멍 뚫린 전대에 넣음이 됨

성전을 건축하라
(학 1 : 8)

전 보다 더할 성전 영광
(학 2 : 9)

존귀하게 될 스룹바벨 (학 2:20–23)

※ 유다총독(포로에서 귀환한 백성)
1. 스스로 굳세게 할지어다
2. 모든 나라를 진동 시킬 것이며
3. 성전에 영광이 충만하리라

스 가 랴

시대적 배경과 주제

1. 배경 : 학개와 동시대 인물
학개와 같은 시대적 배경
2. 주제 : 성전을 재건 다시 시작한
백성들을 위로함
하나님께 영광(메시야)

선민 회복과 환상
(슥 1 – 6장)

회개와 촉구 (슥 1:1–6)

1. 너희는 내게로 돌아오라
2. 내가 너희에게로 돌아 가리라
3. 너희 조상을 본받지 말라

여덟가지 환상 (슥 1:6–6:8)

1. 당시 예루살렘 성전사업을 격려
2. 궁극적
– 메시야 오심
– 그에 의해 세워질 영원한 성전 교회

메시야의 약속 (슥 3:8–10)

1. 내가 내 종 싹을 나게 하여
2. 죄악을 하루에 제거하고
3. 그날에 너희를 초대하리라

구원을 베풀 왕 (슥 9:9)

1. 보라! 왕이 임하리니
2. 공의로우시며
3. 구원을 베푸시고 겸손하여
4. 나귀를 타시나니
5. 나귀의 작은 것 곧 새끼니라

말 라 기

시대적 배경과 주제

1. 배경 : 바사의 지배를 받은 식민지 백성으로 궁핍한 사회 여건
2. 주제 : 하나님의 사랑과 책망 그리고 오실 메시야 예언

하나님의 언약적 사랑

이스라엘 사랑 (말 1:1-5)

1. 내가 너희 야곱을 사랑했노라
2. 너희 지역 밖에서 크시다 하리라

제사장들의 죄 (말 1:6-14)

1. 눈먼 희생 제물을 바치고
2. 저는 것 바침
3. 병든 것 바침
4. 어찌 악하지 아니 하냐

심판주로 도래할 언약의 사자 (말 3:1)

1. 내가 내 사자를 보내리니
2. 그가 내 앞에서 길을 준비할 것이라

온전한 십일조 (말 3:7-12)

1. 레위인과 제사장을 위함
2. 사회적 약자를 위함
3. 하나님의 규례니라

말라기 예언

1. 성전에 오심(3:1)
2. 심판(4:1)
3. 자기 백성 치유(4:2)
4. 주님 오심 비유(3:1, 4:5)

예언성취

신약 성취

1. 성전을 깨끗케 하심(요2:13-17)
2. 백보좌 심판 불못 던짐(계20:11-15)
3. 병 고침 이적(마12:15)
4. 세례요한 예수 전함(마11:10-14)

제 2 부

한 눈으로 보는 신약 성경

신약의 역사적 큰 맥

A / D

27	30	46	49	51	58	63	70	90	현재

- 현재: 예수님 재림 / 어서 오시옵소서
- 90: 요한 밧모섬 유배 (계시록 작성)
- 70: **예루살렘 파괴**
  1. 예루살렘성전 : 로마에 의해 파괴 (디아스포라)
  2. 로마 황제 : 네로의 박해
     – 64년에 발생한 로마대화재를 기독교인에게 누명 씌움

  ※베드로 / 바울 : 67년에 순교 당함
- 63: 교회 대박해 / 네로
- 58: 바울 체포 / 로마행
- 51: 바울 3차 전도여행
- 49: 바울 2차 전도여행
- 46: 바울 1차 전도여행
- 30: 베드로 사역
- 27: **예수님 공생애 / 예수시대**
  1. 예수님 사역
  2. 죽음, 부활, 승천

평신도를 위한

한|눈|으|로|보|는|성|경

1. 복음서, 예수님 역사

예 수 님
(마1:15-25)

신약 시대 개막

예 수 님 오 심

1. 예수님은 메시아로 오심
2. 만왕의 왕으로 오심

예 수 님 (누구)

1. 영원 전부터 계셨음
2. 구약에서 예언된 메시아이심
3. 하나님의 독생자이심
4. 세상의 죄를 지고가는 어린 양
5. 십자가의 죽음 부활 승천 보혜사 성령님을 약속 하신 분

예 수 님 (왜)

1. 우리의 죄를 구속하심
2. 생명의 양식을 제공하심
3. 잃어버린 양을 구원
4. 새 언약을 주심
5. 죄인, 병들고 약한 자, 소외된 자들의 친구
6. 계명을 완성

예수님의 자기 소개

1. 생명의 떡이라 하심
2. 세상의 빛이라 하심
3. 양의 문이라 하심
4. 선한 목자다
5. 부활이요 생명이다
6. 길이요 진리요 생명이다
7. 참포도나무라 하심

예수님 사생애

예수 잉태 소식

천사 가브리엘 / 마리아 (눅1:26-36)

※ 마리아 : 요셉과 약혼한 처녀

1. 천사 가브리엘이 소식 전함
2. 남자를 모르는 마리아에게
3. 잉태 소식에 놀란 마리아
   - 이런 인사가 어찌함인가
   - 천사가 무서워 말라
   - 하나님의 은혜를 입었느니라
   - 아들을 낳으리니 이름을 예수라 하라

※ 나는 주의 여종이오니 말씀대로 이루어지이다 함

마리아 남편 요셉 (마1 : 18-25)

※ 요셉 : 마리아와 약혼한 청년

1. 의로운 사람
2. 마리아의 잉태 소식을 듣고
   - 드러내지 아니하고 조용히 끊고자 함
   - 주의 사자가 현몽
   - 마리아 데려 오기를 무서워말라
   - 잉태된 자는 성령으로 된 것이니라
   - 아들을 낳으리니 예수라 하라
3. 천사의 말대로 마리아를 데려옴

예수 탄생(눅2:1-7)

※호적 정리차 베들레헴 여행중

1. 마리아가 해산 날이 차
2. 여관에 있을 곳이 없음이라
3. 해산하여 아이를 구유에 누이시고
4. 이름을 예수라 함

동방박사들(마 2:1-6)

※ 예수님 탄생 소식을 듣다

1. 천사가 무서워 말라 기쁜 소식을 전하노라
2. 다윗의 동네에서 구주 곧 그리스도가 탄생
3. 이스라엘 목자가 되리라

※ 동방박사들 아기 예수께 경배

※ 정결예식

1. 주의 거룩한 자라 2. 아기를 주께 드리고
3. 주의 율법에 따라 제사 드림

※팔일 째 되는 날 할례함(눅2:21)

헤롯왕 (마2:7-8)

※ 헤롯왕 : 위기감
1. 아기 예수를 찾으라 (경배)
2. 아기 예수를 찾지 못하자
3. 그 지역 신생아 다 죽이라 함(2살 이하 사내)

예수 애굽 피신 (마2:13-14)

※ 주의 사자가 요셉에게 현몽
1. 헤롯이 아기를 죽이려 하니
2. 애굽으로 가라
3. 밤에 일어나
4. 아기와 마리아를 데리고 피신

예수 귀향 (마2:19-23)

1. 주의 사자가 요셉에게 현몽
2. 아기와 마리아를 데리고 이스라엘 땅으로 가라
3. 아기의 목숨을 찾던 자들이 죽었느니라

예수님 소년기 (눅2:40-52)

※ 애굽에서 귀환 후
1. 나사렛에서 청소년기 보냄 추정
 - 아이가 자라매 강하여지고
 - 지혜가 충만
 - 하나님 은혜가 그 위에 있더라
2. 유월절 기념 예루살렘에 감
3. 12살 때의 예수
 - 3일 동안 예루살렘에 머뭄
 - 요셉과 마리아는 알지 못하고 찾음
 - 어찌 나를 찾으셨나이까 …
 - 아버지 집에 있는 것을 모르셨나요
4. 율법 선생들과 토의하고 있더라

예수님 (공생애 준비)

※ 천국이 가까이 왔다
1. 그의 길을 준비하라
2. 그가 오실 길을 곧게 하라

요한 (마3:1-12)

※ 회개하라
1. 합당한 열매를 맺으라
2. 좋지않은 열매를 도끼로 찍어 불에 던지리라

1. 나는 물로 세례를 베풀거니와
2. 그는 성령과 불로 세례를 베풀 것이니라

예수님 공생애

예수님 활동

세 례 식
(눅3:21–22)

1. 예수님 : 30세
2. 장소 : 요단강
3. 세례자 : 요한
   – 하늘문이 열리고
   – 성령이 비둘기 처럼 임하여
   – 내 사랑하는 아들이라 하심

금식기도(마4:1–2)

1. 광야에서 40 주야
2. 짐승들과 함께 생활

사탄 시험(1) (마4:3–4)

1. 사탄: 돌이 떡이 되게 하라
2. 예수: 떡으로만 사는 것이 아님
   하나님 말씀으로 …

사탄 시험(2) (마4:5–6)

1. 사탄:성전 꼭대기에서 뛰어 내리라
2. 예수: 주 너의 하나님을 시험하지
   말라

사탄 시험(3) (마4:8–9)

1. 사탄: 산에 올라가 내게 경배하라
2. 예수: 사탄아 물러 가라 주 너의 하나님께만
   경배하고 그를 섬기라

처음 제자 세움

1. 베드로 2. 안드레 3. 야고보 4. 요한

예수님 행적

복음사역 (막1:14-15)

1. 회개하라
2. 천국이 가까이 왔다

치유사역 (눅4:31-41)

1. 귀신을 쫓아내고
2. 나병을 고치고
3. 간질을 다스리며
4. 절름발이를 걷게 하심

이적 보임 (눅8:22-56)

1. 물 위를 걸어 다니시고
2. 죽은 자를 살리시며
3. 바람과 파도를 잠잠케 하심

제 자 교 육 (마5:17-7:29)

교육 내용

1. 하나님과 인간
2. 율법 정신의 원리

1. 살인하지 말라
2. 간음하지 말라

3. 맹세치 말라
맹세하면 지키라

4. 보물은 하늘에 …
땅엔 좀 도둑

5. 악한 자를 대적 말라
– 구하는 자는 주고
– 거절하지 말라

6. 원수를 사랑하라
– 악을 선으로 갚으라
– 박해자를 위해 기도하라

7. 구제함은 은밀하게 하라
– 사람 앞에 의를 행치 않도록 조심
– 은밀하게 하라

8. 기도는 이렇게 하라
- 외식하는 것처럼 하지말고
- 골방에 들어가 은밀한 중에 계신
- 네 아버지께 하라

9. 외식으로 금식치 말라
- 얼굴을 씻고
- 머리에 기름을 바르고
- 은밀한 중에 하라

10. 비판치 말라
- 형제의 눈에 티는 보면서
- 네눈의 들보는 보지 못하느냐
- 한점의 흠도
- 죄도 없는 자 없다

11. 구하고 찾고 두드리라
- 구하라 : 주실 것이오
- 찾으라 : 찾을 것이요
- 두드리라 : 열릴 것이니라

12. 좁은문
- 생명으로 인도해 주는 문은 좁다
- 멸망으로 가는 문은 크고 넓다

13. 열매로 그를 알리라
- 가시나무 : 포도가 열리지 않음
- 엉겅퀴 : 무화과가 열리지 않음
- 좋은 나무 : 좋은 열매
- 나쁜 나무 : 나쁜 열매

※ 마태복음 7:24-25

그러므로 누구든지 나의 이 말을 듣고 행하는 자는 그 집을 반석 위에 지은 지혜로운 사람 같으리니 비가 내리고 창수가 나고 바람이 불어 그 집에 부딪치되 무너지지 아니하나니 이는 주추를 반석 위에 놓은 까닭이요

진정한 이웃 (눅10:25-37)

※ 강도를 만나 길가에 쓰러져 있는 사람
1. 제사장 : 지나가고
2. 레위인 : 지나가고

이웃사랑

※ 사마리아인이 이웃 사랑 실천
1. 기름과 포도주를 부어 상처난 곳 씻기고
2. 짐승(당나귀)에 태워 주막으로 데려가
3. 돌봐주도록 부탁 (필요한 돈을 주고)
4. 비용이 더 들면 돌아오는 길에 갚겠다
※ 예수님 예표(비유)

세례요한

세례요한은 누구 (눅1:57-66)

1. 엘리사벳의 기도로 출생
2. 천사 가브리엘이 출생 예고
3. 이름을 요한이라 하라
4. 사가랴 : 요한 출생시까지 말문 닫음 (엘리사벳의 남편)
※ 태중에 예수님 방문 받음)
(요한 : 예수님보다 6개월 먼저 출생)

세례요한 증언

1. 예수님께 세례, 주의 길 준비
2. 예수님에 대한 증언
- 창세 전에 계셨고
- 세상의 빛이시며
- 길이요 진리요
- 말씀이 곧 생명이시고
- 하나님의 아들이시다

세례요한 참수(막6:14-29)

※ 헤롯왕이 동생의 아내 헤로디아를 아내로 삼음
(요한이 질책 : 왕이 옥에 가둠)
1. 헤로디아 : 요한에게 악한 마음을 품음
2. 헤롯왕 생일 잔치 : 딸이 춤을 춤
- 딸아 원하는 것이 무엇이냐(나라의 절반이라도…)
- 딸이 어머니 헤로디아에게 사주 받음(요한의 머리)
※ 딸이 헤롯에게 요한의 머리 요구 (요한 참수)

예 수 님
(예루살렘에 나타나심)

첫번째 유월절
(요2:13-22)

성전청결

1. 장사꾼들, 돈 바꾸는 자들
2. 돈을 쏟으시고 상을 엎으심
3. 내 아버지의 집을 장사하는 집으로 만들지 말라

1. 유대인들 따져 물음
2. 이런 일을 행하니 무슨 표적 보이겠느냐
3. 성전을 헐고 사흘 동안에 일으키겠다(부활) 하심

※ 예수님 행적 온 유대에 퍼짐

니고데모
(요3:1-7)

※ 유대인 지도자

1. 예수님이 하나님과 함께 하심을 앎
2. 예수님 : 니고데모에게 거듭나라
3. 니고데모 : 어떻게 모태에 다시 …
4. 예수님
- 물과 성령으로 거듭나라
- 거듭난 자만이 하늘나라에 들어갈 수 있다

예수님 첫 이적
(요2:1-10)

1. 가나 혼인 잔치
2. 잔치집에 포도주가 떨어짐
3. 예수님에게 알림
   - 항아리를 준비하라
   - 물을 채우라
   - 하객들에게 주라

※ 하객들: 먼저 마시던 포도주 보다 더 좋다 주인을 칭찬

예수님 사마리아 전도
(요4:1–42)

※ 야곱의 우물에서 만난 사마리아 여인
1. 물길러 나온 사마리아 여인과 예수님의 대화
 – 예수님이 물을 달라 하심
 – 유대인이 어떻게 사마리아인인 자기에게 물을 달라하느냐 물음
 – 네가 날 알면 난 생수이니라
 – 처음엔 선지자라, 이후 그리스도라 함
 – 네게 말하는 내가 그니라
2. 여인이 마을로 들어가 메시아 전도
3. 예수님
 – 이틀동안 머물면서
 – 사마리아에 하나님 나라 전도

두번째 유월절

유대인 긴장

※ 예루살렘
1. 기득권층 : 예수에 대한 도전
2. 바리새인
 – 안식일에 이적행위 추궁
 – 신성 모독
3. 예수님 : 하나님이 일하시니 나도 한다

베데스다연못 (요5:1–8)

※ 안식일
1. 38년된 앉은뱅이 환자
2. 예수님께서 물음
 – 낫기를 원하느냐
 – 일어나 걸어가라 (고침 받음)
3. 안식일 예수 행위에 대해 죽이려함

열두제자 확정 (눅6:12–16)

1. 베드로	2. 안드레
3. 야고보(세베대의 아들)	4. 요한
5. 빌립	6. 바돌로매
7. 도마	8. 마태
9. 야고보(알패오의 아들)	10. 다대오
11. 시몬	12.가롯 유다

상 받을 사람 (마10:40-42)

※ 너희를 영접한 자 → 나를 영접
나를 영접한 자 → 나 보내신 이를 영접
1. 선지자 이름으로 영접 : 선지자 상
2. 의인의 이름으로 영접 : 의인의 상
3. 제자의 이름으로 작은 자 하나에게 냉수 한 그릇이라도 주는 자 : 상을 잃지 않음

오병이어(요6:9-13)

※ 이적을 보이므로 수천명이 따름
1. 떡 다섯 덩이와 물고기 두 마리
2. 하나님께 축사
3. 오천명이 먹고 열두 바구니가 남음 (여자와 어린아이 제외)

생명의 떡(요6:22-59)

1. 인자의 살과 피를 먹고 마시지 아니하면
2. 너희 속에 생명이 없다

※ 내 살은 참된 양식이요
내 피는 참된 음료로다

세번째 유월절

예루살렘 분위기

1. 유대인 : 살기로 가득함(예수를 죽이려 음모)
2. 예수님
   - 나는 세상의 빛이다
   - 내가 그다 (I AM HE)
   - 유대인 이해 못함

기도를 가르치다

1. 아버지 이름을 거룩히 여김
2. 일용할 양식을 주시옵고
3. 죄진 자를 용서
4. 시험에 들지 말게 악에서 구하옵소서
5. 나라와 권세와 영광이 아버지께

예수를 잡고자 하나(교육) (요7:25-36)

1. 너희가 나를 알고 어데서 온 것도 알고
2. 내가 그 안에서 났고 나를 보내셨다
3. 조금 있으면 나를 찾아도 만나지 못하고
4. 내가 있는 곳에 오지도 못하리라

죽음 / 부활을 이르심
(마17:22-23)

1. 인자가 사람의 손에 넘겨져
2. 죽임을 당하고
3. 제 3일에 살아나리라

※ 제자들 근심

천국에서 큰 사람
(마18:4)

1. 어린아이 같이 자기를 낮추는 사람
2. 천국에서 큰 자니라

베드로의 고백
(마16:16)

1. 주는 그리스도시요
2. 살아계신 하나님 아들이시니이다

비유 말씀

씨
(마13:1-30)

※ 땅에 떨어진 씨(말씀)

1. 길 : 새들이 먹음 마귀가 와서
뿌려진 말씀을 뺏어감
2. 돌밭 : 곧 싹이 나나 뿌리를 내리지
못하고 죽음
기쁨으로 받되 뿌리가 없어
곧 넘어짐
3. 가시떨기 : 가시가 자라서 기운을
막아 버림
- 말씀을 들으나 세상 염려와 유혹
- 결실을 맺지 못함
4. 좋은 땅 : 100배 60배 30배의 결산
- 말씀은 듣고
- 깨달음이 있어 바로 실천

가 라 지
(마13:36-43)

1. 밭 : 세상
2. 씨 : 천국의 아들
3. 가라지 : 악한 자의 아들
4. 추수 : 세상 끝 (종말)
5. 추수꾼 : 천사

기 타

1. 문 / 길
   - 좁은 문 / 좁은 길 : 영광의 문 / 길
   - 넓은 문 / 넓은 길 : 패망의 문 / 길
2. 나는 포도나무요 너희는 가지라
   - 너희가 내 안에 거하고
   - 내 말이 너희 안에 거하면
   - 원하는 대로 구하라
   - 다 이루리라

종말의 징조

1. 재앙 징조
   - 민족이 민족을
   - 나라가 나라를
   - 기근과 지진

2. 극장 연극배우 비유
   - 불이 났어요
   - 빨리 나가세요
   - 관객 : 연극으로 간주
   - 빨리 나가란 말에 박수

상황 인식 둔감

1. 종말에 대한 두려움 보다
2. 상황 인식에 불감증
3. 종말은 연극이 아님
4. 실제적 상황임

예수님 말씀

나는 빛이다 (요12:36)

1. 빛이 있는 동안에는 나를 믿으라
2. 빛의 아들이 되리라
3. 나를 따르는 자는 어둠에 거하지 않는다
4. 새 계명을 주노니 서로 사랑하라

죽은 나사로를 살리심 (요11:1-44)

1. 이 병은 하나님의 영광을 나타내기 위함
2. 무덤에 이르러 돌을 치우게 하시고
3. 아버지께 감사 기도
4. 나사로야 나오라 부르니
5. 일어나 나온지라
6. 풀어놓아 다니게 하라 하시니라

나는 하나님 아들

1. 아브라함이 세상에 나오기 전
2. 내가 있었느니라

유대인 반응

1. 50살도 안된 네가
2. 아브라함을 보기나 했느냐
3. 알기나 하느냐
4. 예수를 돌로 쳐라
5. 신성 모독
6. 예수를 죽이려 함

마지막 유월절

나귀 타고 입성 (마21:1-11)

※ 베다니에서 예루살렘으로 가심

1. 나귀 타고 입성
2. 추종자들 호산나 호산나 부르며 따름

예수님 머리에 향유
(마26:7-13)

1. 한 여자가 예수님 머리에 향유를 부음
2. 제자들이 분개 무슨 의도냐 (유다)
3. 예수님
   - 이 여자에게 화냄이 어쩜이냐
   - 이는 내 장례를 위함이니라
   - 온천하에 복음이 전파될 때 이 여자가 행한 일도 기억되리라

유다 배반 (마26:14-16)

※ 너희중 하나가 나를 팔리라

1. 유다가 예수님을 대제사장에게 넘길 것을 사전 음모
2. 은 30냥에 넘기기로 약속함
3. 예수님을 넘겨줄 기회를 찾음

마지막 만찬

1. 떡을 떼어 (마26:26)
   - 축복
   - 받아 먹어라
   - 이는 내 몸이니라 하심

2. 잔을 가지사 (마26:27)
   - 제자들에게 주시며
   - 이 잔을 마시라
   - 이 잔은 나의 피
   - 언약의 피니라

베드로 : 세번 부인할 것을 예언
(마 26:31-35)

1. 오늘밤 닭 울기전 세 번 부인할 것을 예언
2. 베드로
   - 주와 함께 죽을 지언정
   - 부인하지 않겠다고 함

※ 자기가 세 번 부인한 것을 알고 통곡

예수님 겟세마네 동산 기도
(마26:36-46)

첫번째 기도

1. 얼굴을 땅에 대고 기도
 - 아버지여 만일 할만하시거든
 - 이 잔을 내게서 떠나게 하옵소서
 - 내 원대로 마시옵고
 - 아버지 원대로 하옵소서

두번째 기도

1. 아버지여
2. 내가 마시지 않고
3. 이 잔이 지나갈 수 없거든
4. 아버지 원대로 되기를 원하옵나이다

예수님 잡히시다
(요18:2-11)

1. 기드온 건너편 동산
2. 유다 군대가 잡으러 옴
3. 예수께서 당할 일을 아시고
4. 내가 그니라 (땅에 엎드려지다)
5. 베드로
 - 체포하려는 말고의 귀를 칼로 침
 - 잘린 귀를
 - 예수님께서 주워서 붙혀 주심
6. 내가 열두 군단인들 못 동원하랴
7. 그러면 말씀이 이루어지겠느냐

※ 말씀 성취를 위해 예수님 희생

예수 공회 앞

※ 거짓 증거 제시
1. 대제사장 심문
2. 예수님 말이 없자
3. 네가 하나님 아들 그리스도냐

4. 인자가 하나님 우편에 앉고
5. 구름 타고 오는 것을
6. 너희가 보리라

※ 더 이상 증언이 필요없다 십자가에 못 박으라 아우성

빌라도 심문

※ 예수를 빌라도에게 넘김
1. 빌라도가 예수를 심문
   - 죽일 죄를 찾지 못함
   - 예수를 놓아 주려 하자
   - 살인자 바라바를 놓아주라 함(막 15:11)
2. 유대인들 예수를 죽여라 아우성
3. 빌라도
   - 손을 씻고(마 27:24)
   - 나는 무죄하니
   - 너희가 당하라
4. 십자가에 못박히도록 넘겨 줌

골고다로 끌고감 (마27:27-31)

1. 예수의 옷을 벗기고
2. 홍포를 입힌 후
3. 머리에 가시관을 씌우고
4. 침 뱉고 갈대로 치며 조롱
5. 골고다로 끌고 감

유다 자살 (마27:3-8)

1. 제사장에게 은 30냥을 던지고
2. 목을 매 자살

예수님 십자가 (마27:32-44)

1. 예수를 십자가에 못박고
2. 옷을 벗겨 제비뽑아 나누고
3. 머리에 나사렛 예수 유대인의 왕이라는 팻말을 붙이고
4. 강도를 좌우에 둠
5. 강도들이 예수를 조롱
   - 하나님 아들이거든
   - 자기를 구원하고
   - 십자가에서 내려오라 조롱
   - 남은 구원하되 자기는 못 구원하도다

강도 중 한 사람

1. 우린 우리가 행한 일에 보응이 당연
2. 이 분이 행한 일은 옳지 않은게 없느니라 예수여 나를 기억하소서

※내가 진실로 이르노니 나와 함께 낙원에 있으리라

영혼 떠남
(막15:33-41)

1. 제6시부터 온땅에 어둠이 임함
2. 제9시까지 계속 됨

크게 소리침

1. 엘리 엘리 라마 사박다니
   나의 하나님이여
   나의 하나님이여
   어찌하여 나를 버리시나이까

숨을 거두시다

2. 영혼이 떠남과 동시
3. 휘장이 위에서 아래로 찢어져
   두 조각이 남

휘장이 찢어진 의미

1. 하나님과 사람 사이에 죄로 인해 막힌
   장벽이 무너지고
2. 그리스도를 통하여
3. 하나님께로 나가는
4. 새로운 길이 열림을 알리는 표징

※ 예수님을 지키는 자들이 보고
진실로 예수님께서
하나님 아들이라 함

새 무덤 안장
(마27:57-61)

1. 제자 요셉이 시체를
2. 새 무덤에 안장
3. 큰 돌로 무덤 입구를 막음
   ※경비병이 무덤 지킴

예수님 부활 (막16:1-8)

1. 안식일이 끝나고
2. 막달라 마리아와 야고보 어머니 마리아가
3. 아침 일찍 무덤에 갔더니
4. 무덤 앞 돌이 옮겨져 있고
5. 그 위에 흰옷 입은 천사가 앉았더라

예수님 무덤을 지키던 경비병

1. 예수님의 빈 무덤을 확인하고
2. 유대인 지도자에게 보고
3. 유대인 지도자 : 돈으로 경비병을 매수
4. 예수님의 제자들이 시체를 훔쳐 갔다고 소문 퍼트리게 함

부활하신 예수님 (마28:4-10)

※ 천사가 여자들에게 말하기를

1. 무서워 말라
2. 십자가에 못박힌 예수님을 찾으러 온줄 안다
3. 여기 계시지 않고 살아 나셨는지라
4. 그가 누웠던 곳을 보라
5. 빨리 가서 제자들에게 이르라
6. 너희 보다 먼저 갈릴리로 가셨다
7. 거기서 너희를 뵈오리라

부활 후 제자에게 보이심

첫 번째 : 막달라 마리아 앞 (요20:11-18)

두 번째 : 열한 제자 앞 (눅24:36-43

세 번째 : 일곱 제자 앞 (요21:1-14)

※예수님의 분부 (마28:16-20)

1. 나를 보고도 아직도 나를 의심하느냐
   - 모든 민족을 제자 삼고
   - 아버지와 아들과 성령의 이름으로 세례를 베풀고 내가 분부한 모든 것을 가르쳐 지키게 하라
2. 세상 끝까지 너희와 함께 하리라 하심

예수님 승천
(눅24:50-53)

※ 부활후 40일 동안 세상에 계심

1. 제자들을 데리고 베다니 앞
   - 축복하시고
   - 하나님 나라 일을 말씀하시며
   - 흰옷 입은 두 천사가 함께 함
2. 제자들을 떠나 승천하심

※ 이 모습 이대로 다시 오리라 하심

우리 기도

구 약	신 약
죄를 사해 주실 것	죄를 사해 주신 것
믿 음	믿 음

재림

1. 예수님 재림 약속
   - 보라 내가 속히 오리라
   - 진실로 속히 오리라

2. 주 예수여 어서 오시옵소서
   - 주 예수의 은혜가 모든 자에게 있을지어다

   아 멘 !

계시록 22 : 12
보라 내가 속히 오리니
내가 줄 상이 내게 있어 그가 행한대로 갚아 주리라

2. 예수님 승천 후 사도시대 역사

예수님 승천후

사도들의 행적

※ 교회 탄생
1. 성령의 역사로 교회 세움
   – 예루살렘 – 로마 전역
2. 예수님 증언
   – 십자가 사건 – 부활 – 승천 – 재림
   – 성령의 능력으로 – 교회 세워짐

성령이 임함
(행2:1–13)

※오순절 날
1. 홀연히 하늘로부터 강한 바람 소리
2. 불의 혀처럼 갈라지며
3. 성령이 사도들 머리 위에 임함
   – 사도들이 방언으로 말하니
   – 사람들이 놀라고 당황
   – 어떤이는 조롱하여 술취했다 함

베드로(오순절 설교)
(행 2:14–42)

※ 예수님의 약속
1. 제3시(오전 9시)라 취함이 아님
2. 하나님의 말씀
   – 자녀들은 예언할 것이요
   – 젊은이는 환상을 보고
   – 늙은이는 꿈을 꾸리라

※ 예수님의 복음 증거
1. 십자가에 못박힌 예수님
2. 하나님이 주와 그리스도가
   되게 하심
   – 예수 이름으로 세례를 받고
   – 죄사함 받아 구원 얻으라

사도행전 2:32
예수를 하나님께서 살리신지라
우리가 다 이 일에 증인이로다

베드로 / 요한 이적

1. 못 걷는 자를 걷게 하고
2. 표적과 기사 행함

맛디아 제자 삼음
(행1:23-26)

※ 유다 자살
1. 요셉과 맛디아를 제비 뽑아
2. 맛디아를 12제자에 포함시킴

베드로(솔로몬행각 설교)
(행 3:11-26)

1. 예수 그리스도에 대한 증언
- 하나님이 보낸 예수를
- 너희가 십자가 못박게 하였으나
- 하나님께서 부활케하시어 승천케 하셨느니라

2. 유대인이 어찌할고 하는지라
3. 베드로의 말
- 회개하라
- 그리스도의 이름으로 세례를 받고 죄사함 받으라

베드로 / 요한(공회 앞 서다)
(행 4:1-12)

※ **베드로와 요한을 추궁**
1. 예수 안에 죽은 자가 부활한다고
2. 말씀을 듣는 자는 날로 증가
3. 베드로의 말
- 이스라엘 백성은 알라

- 너희가 십자가에 못박고
- 하나님이 죽은 자 가운데서 살리신
- 나사렛 예수 그리스도의 이름으로 너희 앞에 섰노라

4. 이 일에 우리가 증인이니라

※ **베드로와 요한이 담대하게 말함을 보고**
1. 학문없는 범인으로 알았다가 이상히 여겨
2. 병고침을 받은 자들이 함께 있으니
3. 비난할 말이 없는지라

※ **이 표적으로 병고침을 받은 자 40여 명**
※ **이 표적으로 믿는 자가 남자만 5,000명 됨**

베드로 기도
(행4:23-31)

1. 주여 그들의 위협함을 굽어 보시고
2. 종들로 하여금
3. 하나님 말씀을 담대히 전하게 하소서

물건을 서로 통용 (행2:43-46)

※재산과 소유를 팔아 필요에 따라 나눠줌
1. 아나니아와 삽비라:성령을 속임
   - 매도한 재물을 땅에 묻고
   - 일부만 내놓음
2. 베드로
   - 사람이 아니고 하나님을 속임
3. 아나니아와 삽비라가 죽음

옥문이 열리다 (행5:17-25)

1. 대제사장과 사두개인
   시기가 가득하여
2. 사도들을 옥에 가둠
3. 주의 사자가 옥문을 열고 끌어냄
4. 지키는 자가 있으나 알지 못함
5. 아침에 보니 한 사람도 없더라

고넬료 / 베드로 초청 (행10:1-23)

1. 이달리야 군대의 백부장인
   고넬료
2. 경건하여 하나님을 경외한 자임
3. 하나님께 항상 기도한 사람
4. 환상중에 천사가 베드로를
   청하라 하심

고넬료 집 설교 (행10:24-43)

1. 베드로가 들어올 때에 엎드려 절
2. 하나님은 사람의 외모를 안 봄
3. 예수님에 대한 증인
   - 십자가 - 부활 - 승천
4. 모든 사람은 그의 이름을 힘입어
   죄사함 받는다 함

일곱 일꾼 선발
(행6:5)

사 도	일곱 일꾼
- 기 도 - 말씀 전념	- 구제의 일 맡김 - 사도들 안수하여 세움

1. 스데반 2. 빌립 3. 브로고스 4. 니가노르
5. 디몬 6. 바메나 7. 니골라

스데반 설교 (행7:1-53)

1. 야곱 이주 (하나님의 선택)

1. 이스라엘
   - 우리 조상 아브라함 이삭 야곱
   - 야곱 아들 형제들이 요셉을 애굽에 팔았으나
   - 바로의 은총으로 애굽의 총리가 됨
   - 가나안에 기근이 심해
   - 애굽으로 이주
   - 430년의 종살이를 했느니라

2. 출애굽 (선택 받은 백성이 받은 은혜)

1. 요셉이 죽고 이스라엘이 날로 강성하자 바로가 두려워 해
2. 노동으로 백성을 힘들게 함
3. 하나님께서 모세를 보내
4. 출애굽 홍해의 이적과 40년의 광야생활 만나를 주셨고
5. 모세가 죽은 후 여호수아가 지도자가 되어 요단을 건너 가나안을 점령케 하셨느니라

3. 이스라엘의 반역과 죄악상

1. 스데반이 유대인들 죄악을 고발
   - 선지자들을 박해하고 죽임
   - 예고된 의인(메시아)를 잡아 십자가에 못박음
2. 회개하고 주 예수를 믿으라

스데반 잡히다 (행6:8-15)

1. 유대인 스데반을 죽이려 함
   - 모세와 하나님을 모독했다고 거짓 증언케 하여
   - 스데반을 공회에 넘겨 거짓 증언을 듣게 함

스데반 순교 (행7:54-60)

1. 무리들이 스데반을 돌로 쳐죽임
2. 스데반
   - 주 예수여 내 영혼을 받으소서
   - 무릎을 꿇고 크게 불러
   - 이 죄를 저들에게 돌리지 마소서
   - 원수들을 향한 중보기도 후 숨 거둠

※ 예수님의 죽음을 연상

※ 스데반 순교 후 (A/D 67)

1. 대대적 기독교 탄압 정치
2. 예루살렘 성도들 박해를 피해 각지로 흩어짐
3. 이로 인해 복음이 전세계로 전파 계기

바울 등장
(사울 → 바울)

바 울

1. 로마 시민권자
2. 율법 학자

바울 / 교회 박해
(행8:1-3

1. 교회를 박해하고 스데반을 죽임
2. 예수 추종 세력을 옥에 가두고 죽임

바울 회개

※ 예수 추종 세력을 잡아 옥에 가두기 위해

1. 다메섹으로 가는 도중
   - 하늘에서 홀연히 빛이나
   - 사울아 사울아 부른지라
   - 누구시니이까 하니
2. 난 네가 박해하는 예수니라
   - 소리만 듣고 보진 못하고
   - 눈이 가리워져 3일동안
   - 보지도 먹지도 마시지도 못한지라

※ 주께서 아나니아를 보내시어 사울에게 안수케 하시다

1. 사울은 내가 택한 그릇이니라
2. 가서 사울에게 안수하라
   - 안수를 하니 성령이 충만
   - 눈을 뜨고 먹고 마시어
   - 강건케 되더라
3. 사울
   - 회개하고
   - 세례 받고 성령충만 복음 전도에 헌신

※ 바울의 다메섹 전도

1. 주를 만난 후 회개하고 새사람되어
2. 예수님은 하나님 아들이시오 그리스도라고 선포함
3. 다메섹 유대인들
   - 저자가 예수 추종세력을 죽인 자 아니던가
   - 예루살렘에서 스데반을 죽이고
   - 교회를 핍박한 자가 아니던가
4. 다메섹 유대인들이 죽이려 함

바울 피신

1. 유대인들이 바울을 죽이려 함
2. 음모가 바울에게 알려짐
3. 제자들이 밤에 바울을 광주리에 담아 성벽에서 달아 내림

바울 예루살렘에 감

※ 바나바의 도움으로 예루살렘 사도와 교제의 악수를 함

1. 바나바는 은혜의 눈을 가진 자
2. 예루살렘 사도들
   - 바울의 과거 행위로 믿지 않음
   - 바나바가 바울의 다메섹에서의 행위를 사도들에게 증언
3. 바울에 대한 의심을 풀고 예루살렘 출입

※ 유대인들 : 바울을 죽이려 함

야고보 순교 (행 12:1)

1. 헤롯왕 : 교회를 핍박
   - 믿는 자들의 본보기로
   - 야고보를 칼로 죽이고
   - 베드로도 잡아 옥에 가둠
2. 유대인들 기뻐함

베드로 투옥 (행 12:4-5)

1. 베드로가 투옥되어 잠을 잠
   - 주의 사자가 나타나
   - 급히 따라오라 하시자
   - 쇠사슬이 손에서 벗겨짐
   - 옥문도 저절로 열리더라
2. 베드로는 생시인 줄도 모르고 환상인 걸로 착각

에베소서 6 : 19-20
또 나를 위하여 구할 것은 내게 말씀을 주사 나로 입을 열어 복음의 비밀을 담대히 알리게 하옵소서 할 것이니 이 일을 위하여 내가 쇠사슬에 매인 사신이 된 것은 나로 이 일에 당연히 할 말을 담대히 하게 하려 하심이라

바울의 전도 여행, 땅끝까지 증인(행1:8)

1차 전도 여행 (행13:1~14:28)

①안디옥 ②구브로 ③살라미
④바보 ⑤버가 ⑥비시디아
안디옥 ⑦이고니온 ⑧더베
⑨루스드라
⑩버가 ⑪앗달리아
⑫안디옥 귀환

※돌로 맞고

2차 전도 여행 (행15:2~18:22)

①안디옥 ②더베/루스드라
③드로아 ④빌립보
⑤데살로니가 ⑥베뢰아
⑦아덴 ⑧고린도
⑨겐그레아 ⑩에베소
⑪가이사랴 귀환

※투옥되고

3차 전도 여행 (행18:23–21:16)

①안디옥
②에베소(2년 이상 가르침)
③마게도냐 ④빌립보–드로아
⑤앗소 ⑥미둘레네 ⑦가오
⑧사모 ⑨밀레도
⑩두로 상륙 ⑪돌레마이
⑫가이사랴 귀환

※고발 당함

바울의 로마 항해 행로 (행 27:1~28:31)

①예루살렘출발 ②시돈 ③길리기아 ④루기아 지방(알렉산드리아 배 옮겨 탐) ⑤살모네 앞을 지남 ⑥뵈닉스항으로 가려 했으나 유라굴라 광풍에 휘말림 ⑦멜리데섬(석달 머뭄) ⑧알렉산드리아 배 ⑨레기온 ⑩보디올 ⑪로마 도착

예수님에 대한 바울의 증언/ 표적이 동반됨

1. 예수님은 그리스도, 메시야, 하나님의 아들이심
2. 예수님은 우리 위해 십자가에 달려 죽으심
3. 예수님은 죽으신 지 3일만에 부활하시고 40일 후 승천하심
4. 예수님은 성령을 보내셔서 자기를 증거하심
5. 예수님은 반드시 재림하시고 구원을 완성하심

※ 예수님처럼 바울도 여러 이적, 표적을 행함
– 병든 자 고침, 귀신을 내어쫓음, 죽은 자까지도 살림

바울의 고별 설교(에베소 장로들 앞)

1. 모든 겸손과 눈물, 시험을 참고 주를 섬김
2. 유익한 것은 무엇이든지 거리낌 없이 전하여 가르침
3. 하나님께 대한 회개와 우리 주 예수 그리스도께 대한 믿음을 증언함
4. 복음 증거 완수 위해 생명조차 귀한 것으로 여기지 않음
5. 범사에 모본을 보여 줌

바울
예루살렘에 귀환함

※ 귀환시 체포될 것 앎
1. 예루살렘 분위기 살벌
2. 전도 여행시 행적 소문
   유대인 알고 있음
3. 바울 : 체포 구금 감옥
   순교까지 각오하고 귀환

※ 제자들 귀환치 말라 종용
1. 어찌 날 눈물나게 하는가
2. 마음을 아프게 하는가
3. 결박 당할 뿐 아니라
4. 나는 예수 이름을 위하여
5. 죽을 것도 각오하였느니라

체포 사유

1. 유대인의 율법과 모세 비방 사유
2. 예수는 그리스도요 하나님 아들이라
   증언함 때문

바울 공회 변론

※ 나 바울은
1. 조상들의 엄한 율법을 받은 자요
2. 하나님에 대하여 열심인 자라
3. 스데반을 죽이는데 앞장 섰으며
4. 열심으로 교회 핍박한 자임
5. 여러분도 회개하고 예수를 믿으라
6. 나는 예수님 만나 회개하게 되었고
   진리의 길로 인도하심을 받았다
7. 여러분도 예수를 믿고 구원 받으라

바울 공회 증언
(행22:30-23:11)

※ **바울 - 제사장 아나니아 힐책**
1. 나는 범사에 양심을 따라 하나님을 섬겼노라
2. 대제사장 아나니아가 입을 치라 명령
3. 회칠한 담아
4. 율법대로 심판한다 하면서 율법을 어기고 나를 치느냐

※ **아나니아가 증언 듣기를 거부함**

바울을 죽이겠다 맹세까지 한 자들
(행23:12-30)

1. 바울을 죽이기 전에는 먹지도 마시지도 않겠다고 맹세함
2. 바울이 지나가는 길에 매복함
3. 바울 생질이 정보를 듣고 바울에게 알려 위기 모면

바 울
(행23:1-30)

1. 총독 앞에 서고
2. 고발 당하고
3. 변명하고
4. 감옥 가고

5. 아그립바왕 - 전도
 - 호소했으나
 - 듣지 않음
6. 가이사에게 상소

바울의 변명
(행26:10-23)

※대제사장의 권한과 위임을 받아 다메섹으로 가는 도중
1. 하늘로부터 해보다 밝은 빛이 나와
2. 땅에 엎드러져 소리를 들으니
3. 사울아 어찌 나를 박해하느냐
4. 대답하되 누구시니까 하니
5. 나는 네가 박해하는 예수니라

6. 곧 네가 본 일과 장차 내가 네게 나타날 일에 증인을 삼으리라
7. 너를 구원하여 이방인과 이스라엘에 너를 보내어
8. 눈을 떠 어둠에서 빛으로
9. 사탄의 권세에서 하나님께로 돌아오게 하고
10. 죄사함과 나를 믿어
11. 기업을 얻게 하리라 하더이다

바울 로마 압송
(행27:1-44, 28:1-31)

바울의 경고 무시 후 폭풍 만남

※폭풍우 출항 위험 경고(그레데항)
1. 백부장 : 바울의 조언보다 선장 말을 더 믿음(출항)
2. 항해중 유라굴로라는 광풍 만남
 - 여러 날 풍랑이 계속 됨
 - 선적된 짐과 기구를 다 버림
 - 구원의 여지가 보이지 않음

바울의 기도

1. 승선 인원 : 276명(상인 / 죄수)
2. 풍랑으로 모두 절망
3. 바울 : 사람들 가운데서 일어서서 말함 (예수님 부활 재현 연상)
 - 하나님의 사자가 어젯밤 내게 말했다
 - 두려워말라
 - 여러분 모두를 내게 맡겼다
 - 안심하라
 - 반드시 한 섬에 도착하리라

멜리데섬 정박

1. 멜리데에 정박 겨울을 보냄(원주민 도움)
2. 바울이 독사에게 손을 물리나 죽지 아니 한 것을 보고 원주민 이상히 여김

※멜리데 원주민 치유사역(전도)
※로마로 감

로마 전도

1. 가이사 앞에서 예수 증언
2. 로마인에게 전도 / 강론
 - 하나님 나라를 증언
 - 예수님 증언(십자가 죽음, 부활)

바울 용기 있는 사람

1. 여러 차례 투옥
2. 옥중에서도 복음 전파
3. 옥중 서신 발송 (성도 권면)
4. 채찍에 맞고
5. 돌로 맞고
6. 굶주리고
7. 헐벗고
8. 욕먹고
9. 쫓겨 나고(추방)
10. 여러 차례 죽을 위기 겪음

※마지막까지 예수님을 증언하다 순교함

바울 강론
(롬2:17-29, 3:1-31)

율 법

※ 율법은 죄를 판단하는 기준
1. 율법을 가르치는 자가 율법을 범하면 하나님을 모독
2. 율법은 듣는 자가 의인이 아니고 행하는 자가 의인이니라
3. 율법은 불법자를 위해 있는 것
   - 경건치 못하고
   - 말씀 불순종
   - 거룩하지 못하고
   - 음행 남색하며 거짓말 하고
   - 교훈을 거스리는 자

유대인 윤리

1. 유대인
   - 유대인 답게 살지 못하면서
   - 유대인 답게 살라 함
2. 율법 : 지키지 못할 율법을 지키라 함

율법 유효

1. 율법으로 인해 죄가 더 뚜렷해짐
2. 메시 야 오시기 전까지 유효
   - 율법 시대는 지났고
   - 새로운 계명이 도래

교 훈

1. 율법은 그리스도께로 인도하는 초등 학문
2. 믿음으로 의롭다 함을 얻음
3. 그리스도 안에서 하나가 되고 하나님 아들이 됨
4. 천국 유업 상속자가 됨

유대인 심판과 회복

유대인의 죄악

1. 이스라엘 죄가 극에 달함
2. 예수를 십자가에 못박고
3. 하나님의 경고에도 귀를 기울이지 아니함

이스라엘 심판 (무화과나무 저주, 뿌리채 마름, 마 21:19)

※ 흩어버림
때 : A/D 70

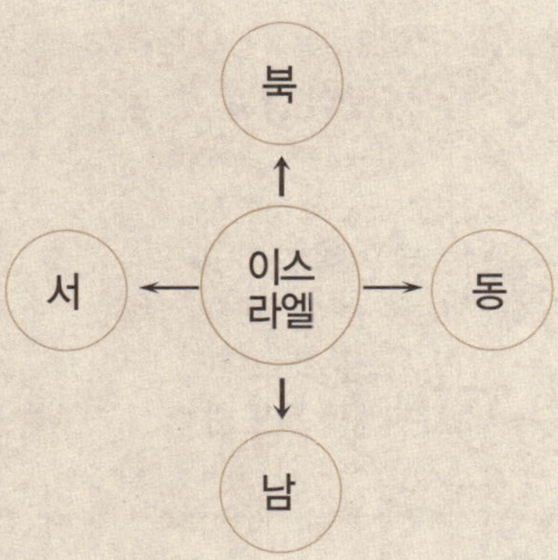

이스라엘 회복 (무화과나무 가지 잎사귀 냄, 마 24:32)

※ 회 복
때 : A/D 1948. 5. 14.

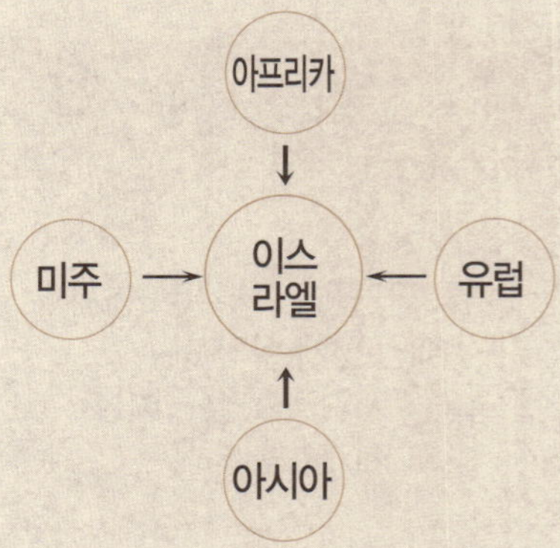

말씀 성취 확실

1. 심판의 말씀 (그대로 성취, AD 70년 이후 이스라엘 역사 입증)
2. 회복의 말씀 (그대로 성취, 1948. 5. 14 이스라엘 회복으로 입증)

평신도를 위한

한|눈|으|로|보|는|성|경

3. 서신서

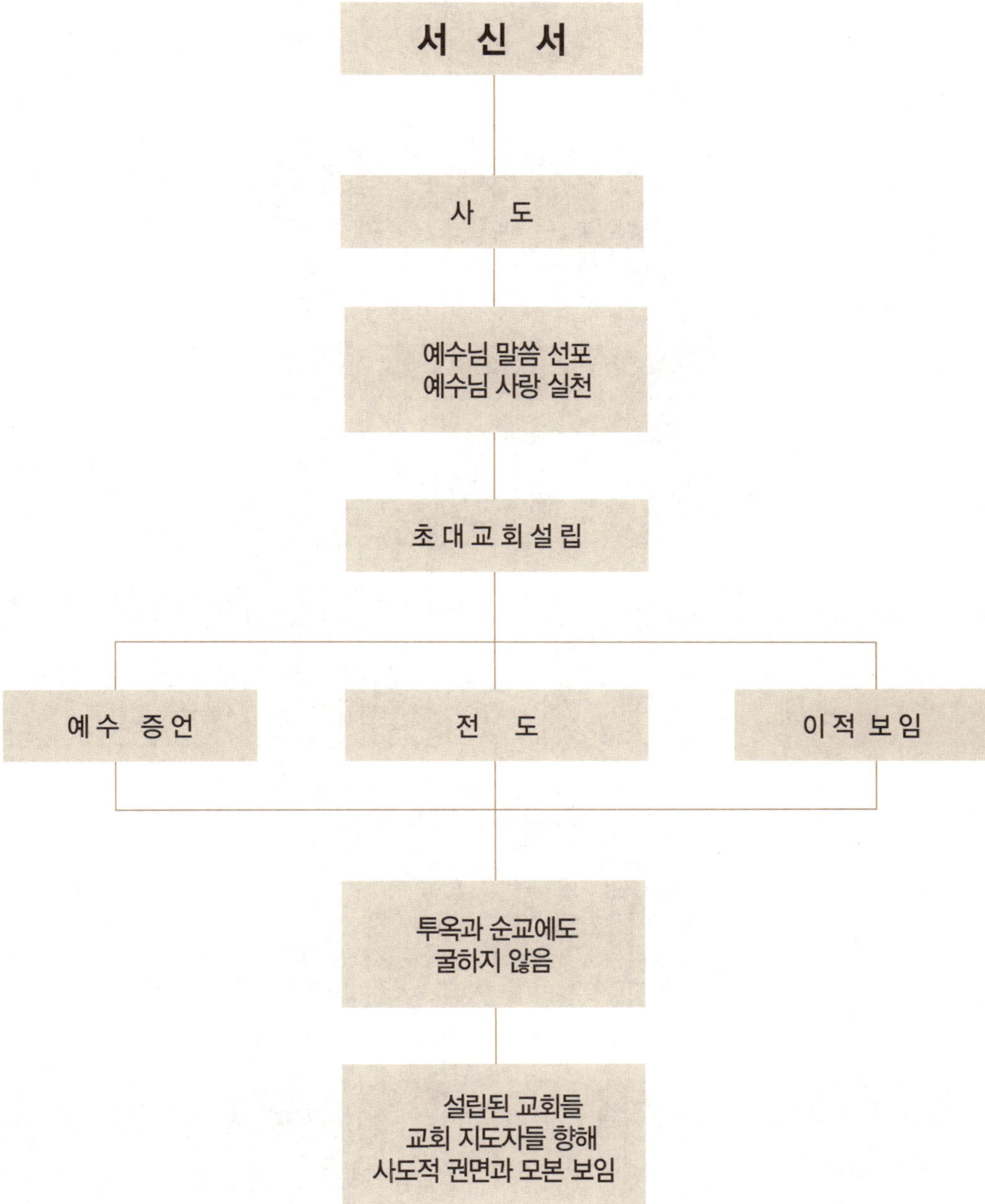

※ 사도들의 가르침과 권면

1. 새 계 명
2. 그리스도의 참된 삶
3. 이단 경계
4. 종말 대비

로 마 서

주 제

그리스도인의 구원은 율법의 행위가
아니고 믿음으로 말미암음

이신득의

오직 믿음으로만 인간의 죄를
하나님이 대신 치뤄주는 구속사역
※ 이신득구, 이신칭의라고도 함

이방인의 실상 (롬 1:18-32)

1. 악의가 가득함 2. 비방함
3. 우매하고 배약함

유대인의 실상 (롬 2:1-3:28)

1. 간음 2. 신전 물건 도둑질함
3. 율법을 자랑하면서 율법을 범함

믿음으로 말미암은 의

1. 행위로 의롭다 할 자 없음
2. 은혜로만 값없이 의롭다함 얻음
3. 예수는 우리의 죄를 위해 죽으시고
   우리를 의롭다하시기 위해 살아나심

의롭다함을 얻은 성도 (롬 5:1-8:39)

1. 성화와 죄 : 죄로부터 해방되어 의에게 종이 된 삶
2. 성화와 율법 : 율법에서 벗어나 새 영을 따름
3. 성화와 성령 : 성령의 법으로 죄와 사망의 법에서 해방됨

사랑은 율법의 완성 (롬 13:8-10)

1. 피차 사랑의 빚 외에는 아무 빚도 지지 말아야 함
2. 남을 사랑하는 자는 이웃에게 악을 행하지 않음
3. 사랑은 율법의 완성임

복음적 삶에 대한 교훈 (롬 12:1-16:27)

1. 박해하는 자를 축복하고 저주치말아야 함
2. 서로 마음을 같이 해야 함
3. 악을 악으로 갚지 말아야 함

고 린 도 전 서

주 제

고린도 교회 문제점과 책망

분열, 파당, 책망
음행에 대한 경고

교회 분열과 파당 책망 (고전 3:1–4:21)

1. 나는 심었고 아볼로는 물을주었으며 하나님께서 자라게 하셨느니라
2. 우리는 하나님의 동역자요 너희는 하나님의 밭이요 집이니라
3. 내가 너희에게 권하노니 나를 본받는 자가 되라

음행에 대한 경고와 치리 (고전 5:1–13)

1. 음행하는 자들이나
2. 탐하는 자들이나
3. 속여 빼앗는 자들이나
4. 우상 숭배자들을 사귀지 말라

교훈과 논증 (고전 7:1–15:58)

1. 결혼에 관한 교훈
   – 남편은 아내에 대한 의무를 다하며
   – 아내는 자기 몸을 주장치 못하고 남편이 하며
   – 남편도 자기 몸을 주장치 말아야 함
2. 우상에 받쳤던 음식 교훈(제물)
   – 알고는 먹지 말아야 함
   – 양심이 약하여지고 더러워지기 때문
3. 부활과 교리에 대한 논증
   – 그리스도께서 우리 죄를 위하여 죽으시고
   – 사흘만에 살아 나셨으며
   – 열두 제자와 여러 증인에게 확실한 증거를 보이시고 승천하심

※ 첫 사람(아담)은 땅에서 나고
둘째 사람(예수)은 하늘에서 나셨음
(고전 15:47)

고 린 도 후 서

주 제

1. 유대주의적 신앙으로 퇴보를 우려함
2. 성도들을 향한 바울의 목회자적 애정

고난 중 위로에 대한 감사 (고후 1:1-11)

1. 환난을 당한 것도 너희가 위로와 구원을 받게 함이요
2. 우리가 위로를 받은 것도 너희가 위로를 받게 함이라

회개한 자 관용 호소 (고후 2:5-11)

1. 죄는 벌을 받아 마땅하나
2. 회개를 한 자에게 용서를 구하고
3. 권하노니 사랑을 그들에게 나타내라

바울의 사역 자세 (고후 4:1-5:10)

1. 주목하는 것은 보이는 것이 아니요 보이지 않은 것이며
2. 보이는 것은 잠깐이요 보이지 않은 것은 영원함이라
3. 우리가 믿음으로 행하고 보는 것으로 행하지 아니함이로다

구제, 연보에 대한 3가지 교훈 (고후 8:1-9:15)

1. 많이 거둔 자도 남지 아니 하고 적게 거둔 자도 부족하지 않음
2. 적게 심은 자는 적게 거두고 많이 심은 자는 많이 거둠
3. 마음이 정한대로 할 것이요 인색함이나 억지로 하지 말아야 함

※ 하나님은 즐겨 내는 자를 사랑하시느니라

갈 라 디 아 서

주 제

유대주의자들의 다른 복음 경계

복음에 대한 바울의 진술 (갈 1:11-2:10)

1. 사람의 뜻을 따라 전한 것이 아님
2. 사람에게 받은 것도 배운 것도 아님
3. 오직 예수 그리스도로 말미암음

이신득의 교리에 대한 논증

율법과 무관한 하나님의 의 (갈 2:15-3:18)

1. 의롭다함은 율법 행위로 말미암지않음
2. 오직 예수 그리스도로 말미암음
3. 그리스도를 믿음으로 의롭다함 얻음
4. 율법의 행위로 의롭다함 얻을 육체 없음

그리스도 안에서 성도의 삶 (갈 3:19-4:7)

1. 믿음이 온 후로
2. 그리스도 예수 안에서 하나님의 아들이 되었음
3. 세례 받은 자는 그리스도로 옷 입음
4. 세례를 받은 자들은 예수 안에 하나임

그리스도인의 삶과 성령의 열매 (갈 5:2-24)

1. 성령의 열매
   - 사랑과 희락과 화평과 오래 참음
   - 자비와 양성과 충성과 온유와 절제
2. 그리스도 예수의 사람들은 육체와 함께 십자가에 못박혔음
3. 그리스도를 믿는 믿음 안에 삶

에 베 소 서

주 제

구원과 교회론

하나님의 구원 사역과 그리스도인 지위

하늘에 속한 신령한 복 (엡 1:1–14)

1. 예수 그리스도 안에서 복주심
2. 그리스도로 말미암아 아들이 되게 하심
3. 지혜와 총명을 넘치게 하심

십자가로 말미암은 구속 (엡 2:1–10)

1. 은혜에 의하여 믿음으로 구원 받음
2. 행위에서 난 것이 아니니 자랑하지 못함
3. 허물로 죽은 우리를 그리스도와 함께 살리심

그리스도께서 세운 하나님 교회

십자가로 공동체가 된 교회 (엡 2:11–22)

1. 십자가로 둘을 한 몸으로 하나님께 화목하게 하심
2. 이제부터 외인도 아니요 나그네도 아님
3. 동일한 시민, 하나님 권속

교회에 대한 신비 (엡 3:1–15)

1. 이방인들이 복음으로 그리스도 예수 안에서 상속자가 됨
2. 그리스도의 풍성함을 이방인에게 전하게 함

새로운 존재인 그리스도인 (엡 4:1–5:21)

1. 사랑 가운데서 서로 용납하고
2. 어리석은 자가 되지 말아야 함

새로운 존재인 그리스도인 (엡 4:1–5:21)

1. 아내와 남편 서로 존경해야 함
2. 남편이 아내의 머리됨이 예수께서 교회의 머리됨과 같음
3. 마귀 대적해야 함
4. 하나님의 전신갑주를 입어야 함

빌 립 보 서

주 제

1. 빌립보 교회 성도들과의 사랑 교제
2. 복음 진리에 합당한 신앙의 삶 제시

성도들을 향한 권면

성도들의 신앙적 삶을 위한 권면 (빌 1:27–2:18)

1. 복음에 합당한 생활을 하라 함
2. 그리스도의 마음을 품으라 함
3. 겸손한 마음으로 각각 자기보다 남을 낫게 여기라 함

도덕폐기론 – 율법주의 경고 (빌 3:1–21)

1. 행악자를 삼가라 함
2. 율법에서 난것이 아닌 그리스도를 믿음으로 말미암음이요
3. 곧 믿음으로 하나님께로부터 난 의를 구한다 함

바울의 권고 (빌 4:2–13)

1. 주 안에서 항상 기뻐하라
2. 주 안에서 서로 도우라
3. 주 안에서 하나가 되라
4. 기도와 간구로 하나님께 아뢰라

축도 (빌 4:20–23)

1. 하나님 곧 우리 아버지께 세세 무궁토록 영광을 돌리라
2. 주 예수 그리스도의 은혜가 너희 심령에 있을 지어다

골 로 새 서

주 제

1. 교회의 머리이신 그리스도
2. 그리스도의 신성을 부인한 이단 경고

성자 그리스도

교회의 머리이신 그리스도 (골 1:9–18)

1. 그는 몸인 교회의 머리시라
2. 그가 근본이시니 죽은자들 가운데서 먼저 나신 이시며
3. 천하 만물의 으뜸이 되신다 함

만물위에 뛰어난 그리스도 (골 1:15–23)

1. 하나님 아버지의 형상이심
2. 피조물보다 먼저 나신 분이심
3. 만물보다 먼저 계시고 만물이 그 안에 함께 섬

이단에 대한 경고

십자가의 승리 (골 2:11–17)

1. 통치자들, 권세를 무력화함
2. 구경거리로 삼으심
3. 십자가로 그들을 이기심

그리스도의 경고 (골 2:18–23)

1. 겸손과 천사숭배를 이유로 너희를 정죄 하지 못하게 하라
2. 세상의 초등학문이 죽었거늘 어찌 하여 규례에 순종하느냐

그리스도인의 생활교훈 (골 3:1–4:6)

1. 새생명을 얻은 그리스도인
   - 너희가 그리스도와 함께 다시 살리심을 받았다
   - 그가 나타나실 때 그와 함께 영광중에 나타나리라
2. 옛사람을 벗고 새사람을 입으라
   - 서로 거짓말 하지 말고
   - 누구든 허물이 있거든 그리스도께서 하신 것처럼 피차 용서하라

데 살 로 니 가 전 후 서

주 제

데살로니가 전서

교인들의 믿음과 칭찬 격려
※바울서신중 가장 먼저 기록

데살로니가 후서

예수님의 재림과 관련 종말적
사건들에 대한 분별력 제공

데살로니가 교회를 향한 감사와 격려

복음의 감사와 성도의 삶 (살전 1:2–10)

1. 복음 역사
- 복음이 너희에게 말로만 이른것아니요
- 능력과 성령과 큰 확신으로 된 것임
2. 성도의 삶(살전 4:1–12)
- 하나님의 뜻은 너희의 거룩함이라
- 음란을 버리고 존귀하게 하라
- 이방인과 같이 색욕을 따르지 말라

데살로니가 교인에 대한 격려 (살후1:3–12)

1. 고난은 하나님의 공의로운 심판
- 하나님 나라에 합당한 자로 여김을 받게 하려 함이요
- 그 나라를 위하여 고난을 당하게 하시느니라
2. 교인들에 대한 격려
- 주 예수 그리스도의 은혜가
- 너희 안에서 영광을 받게 하려 함이라

종말과 재림에 관한 교훈

종말에 대한 신앙적 교훈 (살전 4:13–5:11)

※주께서 강림하실 때

1. 살아 남아 있는자도 자는 자도 결코 앞서지 못하리니
2. 그리스도 안에서 죽은 자가 먼저 일어나고
3. 살아있는 자들은 함께 공중에서 주를 영접하리니
4. 주의 날이 밤에 도둑 같이 이를 줄을 너희 자신이 알기 때문이라
5. 예수께서 우리를 위하여 죽으사 깨어있든지, 자든지 자기와 함께 살게 하셨느니라

재림 전에 있게될 교훈 (살후 2:1–12)

1. 너희가 미혹되지 말라 먼저 배교하는 일이 있고
2. 멸망의 아들이 나타나기 전에는 이르지 아니하리라
3. 불법한 자가 나타나리니 주예수께서 그 입의 기운으로 그를 죽이고 폐하시리라
4. 미혹의 역사는
5. 진리의 사랑을 받지 아니한 자들로 구원을 받지 못함이라
6. 하나님이 미혹의 역사를 그들에게 보내사
7. 불의를 좋아하는 모든 자들로 하여금 심판을 받게 하심이라

디 모 데 전 후 서

주 제

디모데 전서

1. 목회자들에 대한 목회 지침
2. 이단에 대한 경계

디모데 후서

1. 복음과 함께 고난을 받는 삶
2. 그리스도의 일꾼된 삶

교훈과 권면

직분자들에 대한 교훈 (딤전 2:1-3:16)

1. 감독의 직분을 얻으려한다면 선한 일 사모해야 함
2. 일구이언 하지 말고
3. 술에 취하지 말아야 함
4. 깨끗한 양심에 믿음의 비밀을 가져야함

복음과 고난에 대한 권면 (딤후 1:6-18)

1. 오직 하나님의 능력에 따라 복음과 함께 고난을 받으라 함
2. 예수 안에 있는 믿음과 사랑을 본받아야 함
3. 성령께서 부탁한 아름다운 것을 지켜야 함

이단경계와 개인 관리 (딤전 4:1-16)

1. 외식하며 거짓을 말하는 자들임
2. 이것을 명하고 가르치라
   - 네 연소함을 업신 여기지 못하게 하고
   - 말과 행실과 사랑과 믿음에 본이 되게 해야 함

말세의 특징과 거짓교사 (딤후 3:1-9)

1. 자기, 돈, 쾌락 사랑하기를 하나님 사랑보다 더함
2. 경건의 모양은 있으나 경건의 능력은 부인함
3. 이같은 자에게서 돌아서라 함

디 도 서

주 제

이단들을 경계하는 일을 통해
교인들을 지도하는 목회 지침

디도에게 주어진 소명

장로 자격 (딛 1:5–9)

1. 감독은 하나님의 청지기요
2. 책망할 것이 없고 고집대로 아니하며
3. 오직 나그네를 대접하고 선행을 좋아 해야 함

거짓 교사들의 실체 (딛 1:10–16)

1. 불순종하여 헛된 말을 하고 속이며
2. 이득을 취하려고 마땅치 않은 것 가르침
3. 깨끗한 것이 없고 양심이 더러움

하나님이 예수님 통해 하신 일 (딛 2:1–16)

1. 경건하지 않은 것과 이 세상 정욕을 다 버리고 신중함과 의로움과 경건함으로 이 세상에 살도록 하심
2. 복스러운 소망과 우리의 크신 하나님 구주 예수 그리스도의 영광이 나타나심을 기다리게 하심
3. 모든 불법에서 우리를 속량하시고 우리를 깨끗하게 하사 선한 일을 열심히 하는 자기 백성이 되게 하심

성도 생활 권면 (딛 3:2–11)

1. 아무도 비방하지 말라
2. 다투지 말라
3. 관용하며
4. 범사에 온유함을 모든 사람에게 나타낼 것을 기억하게 하라 함

빌 레 몬 서

주 제

1. 용서와 관용, 믿음 안에서
2. 사랑을 실천
3. 기독교인들의 책임감 있는 희생 강요

히 브 리 서

주 제

1. 외적 고난과 복음에 대한 이해 부족으로 유대교로 회귀함을 질책함
2. 그리스도의 구속을 상세히 증언하여 깨닫게 함

뛰어나신 그리스도

천사보다 우월하신 그리스도 (히 1:1-2:18)

1. 하나님은 영광의 광채, 본체의 형상
2. 능력의 말씀으로 만물을 붙드심
3. 죄를 정결하게 하는 일을 하심
4. 높은 곳에 계심
5. 지극히 크신 이의 우편에 앉으심

모세보다 뛰어난 그리스도 (히 3:1-4:13)

1. 모세는 집을 지은 일원으로 충성함
2. 그리스도는 집(교회)을 지은 분이심 더 영광을 받으셔야 함
3. 집마다 지은이가 있으니 만물을 지으신 이는 하나님이심

온전한 제사장이신 그리스도

그리스도 대제사장 (히 4:14)

1. 우리의 큰 제사장
2. 승천 하신 분
3. 하나님의 아들 예수님

속죄를 통한 새언약의 중보자 그리스도 (히 8:1-13)

1. 하나님께서 장차 유다와 이스라엘과 새언약을 맺으리라 하심
2. 그들의 불의을 긍휼히 여기고 죄를 다시 기억치 아니하리라 하심

그리스도의 완전한 속죄 (히 9:1-10:8)

1. 염소와 송아지의 피로 아니하고
2. 자기 피로 영원한 속죄를 이루심
3. 단번에 하늘 성소에 들어가심

믿음의 능력과 모범 (히 10:19-11:40)

1. 우리를 위하여 휘장 가운데로 열어놓은 새롭고 살 길
2. 휘장은 곧 그의 육체임
3. 예수 그리스도 믿음
   - 의인은 믿음으로 말미암아 살리라
   - 믿음은 바라는 것들의 실상이요 보이지 않은 것의 증거니라
   - 노아는 믿음으로 방주를 제작
   - 아벨은 믿음으로 가인보다 더 나은 제사를 드렸으며
   - 아브라함은 믿음으로 순종했음
   - 그 외 허다한 증인, 구름 같은 증인들 있음
   - 믿음의 주요 온전케하시는 분, 예수님을 바라봄

최후 권면 (히 13:16)

1. 선을 행하고
2. 서로 나누어 주는것을 잊지 말라 함
3. 이같은 제사를 기뻐하심

야 고 보 서

주 제

1. 믿음과 삶의 괴리를 바로잡음
2. 이신득의 즉 참된 믿음 뒤에 참된 믿음의 삶이 뒤따름 강조

시험에 대한 격려와 교훈

시험과 인내 (약 1:1-11)

1. 시험을 당하거든 온전히 기쁘게 여기라 함
2. 믿음의 시련이 인내를 만들어 냄을 앎이라 함

시험(유혹)의 근원 (약 1:12-18)

1. 시험 받는 것은 자기 욕심에 끌려 미혹된 것임
2. 욕심이 잉태하면 죄를 낳고 죄가 장성한즉 사망을 낳음

믿음과 참된 경건

믿음과 행함 (약 2:14-26)

행함이 없는 믿음은
그 자체가 죽은 믿음임

참된 경건 (약 1:19-27)

듣기는 속히하고
말하기는 더디 해야 함

말을 삼가라 (약 3:1-12)

혀는 능히 길들일 사람이 없나니
쉬지 아니하는 악이요 독이 가득한 것임

참된 지혜 (약 3:13-18)

시기와 다툼이 있는곳에
혼란과 모든 악함이 있음

믿음에 합당한 선한 삶 (약 4:1-17)

사람이 선을 행할 줄 알고도
행하지 아니하면 죄라

베 드 로 전 후 서

주 제

베드로 전서

초대 교회 시대 소아시아 지역에 있는 교회 성도들의 위로와 격려

베드로 후서

교회 내부에서 발생한 이단들에 대한 경고

그리스도가 보이신 고난과 영적 성숙

그리스도의 보이신 고난 (벧전 2:21–25)

1. 그는 죄를 범하지도 아니하시고 고난 당하심
2. 오직 공의로 심판 하신 이에게 맡기시고
3. 친히 십자가에 달려 죄를 담당하심

바른 지식과 성숙 (벧후 1:15–21)

1. 우리 주 예수 그리스도의 능력과 강림을 알게 한 것
2. 교묘히 만든 이야기를 따르지 않도록 하기 위함

형제 사랑과 바른 자세 (벧전 3:8–12)

1. 악을 악으로 욕을 욕으로 갚지 말고 복을 빌라함
2. 악에서 떠나 선을 행하고 화평을 구하라 함

거짓 교사들 위험 (벧후 2:1–3)

1. 호색하는 것을 따름으로 진리의 도가 비방 받음
2. 탐심으로 지어낸 말로 이득을 삼음

고난의 영적 의미 (벧전 4:1–19)

1. 그리스도의 고난에 참여하는 것
2. 그리스도의 이름으로 치욕을 당하는 것
3. 즐거워해야 하고 복을 받게 함으로 고난도 감사히 여겨 하나님께 영광 돌려야함

재림을 준비하는 삶 (벧전 3:10–13)

1. 주의 날이 도둑 같이 오리니
2. 거룩한 행실과 경건함으로 살아야 함
3. 하나님의 날이 임하기를 간절히 사모해야 함

요 한 1. 2. 3서

주 제

요한 1서

기독교 신앙의 기본 진리를 훼손하려는 거짓 교사들을 경계하라는 권면

요한 2서

바른 신앙 정립과 계명의 핵심인 사랑을 실천하는 삶을 살도록 권면

요한 3서

복음 전도자 접대 문제와 가이오의 선행을 격려함

적그리스도에 대한 경계(요일 2:18-27)

1. 마지막 때 적그리스도가 오리라
2. 거짓말을 하는 자가 누구냐
3. 예수께서 그리스도이심, 하나님 아들이심 부정한 자가 적그리스도임

진리의 영과 거짓 영 (요일 4:1-6)

1. 예수를 부인하는 자는 거짓 영이요 적 그리스도니라
2. 우리는 하나님께 속하였으니 하나님을 아는 진리의 영이라

하나님과 새계명 (요일 4:7-21)

1. 우리가 하나님을 사랑한 것이아니요
2. 하나님이 우리를 사랑하사
3. 우리 죄를 속하기 위하여
4. 화목제물로 그 아들을 보내셨음이라

새계명에 대한 교훈 (요이 1:4-6)

1. 서로 사랑 하라
2. 이것이 새계명
3. 처음부터 우리가 가진 것

복음전도자를 선대한 가이오 (요삼 1:5-8)

1. 형제 곧 나그네 된 자들에게 행한 일
2. 그들이 주의 이름을 위하여 나가서 이방인에게 아무것도 받지 아니했다 함
3. 그러므로 그들을 영접함은 진리를 위해 함께 일하는 자가 됨

유 다 서

주 제

교회 내에 들어온 거짓 교사들에
대한 고발과 경계

거짓 교사 고발 (유 1:3-9)

1. 가만히 들어온 자가 몇이 있음
2. 경건치 아니함
3. 하나님 은혜를 도리어 방탕한 것으로 바꿈
4. 홀로 하나이신 주재 곧 우리 주 예수 그리스도를 부인하는 자들임

권 면 (유 1:20-23)

1. 의심하는 자들을 긍휼히 여기라
2. 불에서 끌어내어 구원하라

송 영 - 축도 (유 1:24-25)

1. 우리 구주 홀로 하나이신 하나님께
2. 영광과 위엄과 권세가 영원전부터 이제와 영원토록 있을지어다 아멘!

평신도를 위한

한|눈|으|로|보|는|성|경

4. 종말 재림 계시록

계 시 록

일곱 교회 환상
(계 1-4장)

1. 교회 박해와 요한 밧모섬 유배
2. 일곱 교회에 대한 서신
3. 보좌에 앉으신 예수님

온세상/ 인류 재앙
(계 5-19장)

일곱 봉인 재앙 / 일곱 나팔 재앙

1. 일곱 봉인 책 / 인침 받은 144,000명
2. 일곱 나팔 재앙
3. 천사의 손에 펼쳐진 두루마리
4. 두 증인
5. 여자, 용, 짐승 (거짓 교회, 거짓 선지자 심판)

일곱 대접 재앙

1. 어린양 예수와 승리한 144,000명
2. 대접재앙 준비 / 쏟음
3. 바벨론의 멸망
4. 그리스도의 재림과 짐승의 멸망

천국 에덴동산 회복
(계 20-22장)

1. 천년왕국 (예수 그리스도의 통치)
2. 천년 왕국 상세한 묘사, 새 하늘 새 땅
3. 요한의 고백과 기도

종 말 예 고

온 인류 재앙 계시

당시 상황

1. 교회 상황
   - 로마 제국의 교회 박해
   - 하나님 백성 : 고통 죽음
2. 요한
   - 복음을 전한다는 이유
   - 밧모섬 유배

※ 하나님께서 예수님 통해 주신 계시 받음

그리스도 환상 (계 1:7–8)

교회에 보내는 말씀

1. 깨어 있으라
2. 구름 타고 오리라
3. 알파요 오메가라
4. 장차 올 자요 전능자라

※ 하나님은 인간 역사의 창시자이심

환상(계1:9–20)

1. 일곱 촛대
2. 긴 옷과 가슴에 띠
3. 흰머리
4. 불꽃 – 눈, 주석 – 발
5. 많은 물소리 같은 음성
6. 일곱 별
7. 해같은 얼굴
8. 입에서 날선 검

상징

1. 일곱 교회
2. 제 사장
3. 하나님의 거룩성
4. 심판자의 위엄
5. 말씀의 권위
6. 일곱 교회의 사자
7. 신적인 영광
8. 말씀의 상징

일곱 교회
(계 1-3장)

일곱교회

1. 에베소
2. 서머나
3. 버가모
4.두아디라
5. 사데
6. 빌라델비아
7. 라오디게아

교 회 상 황 (계 1:1-3:22)

교 회	칭 찬	간 구
에베소	교리적 흠없는 교회	처음 사랑 버림
서머나	고난을 잘 견딤	회개 죽도록 충성요구
버가모	신앙의 절개를 지킴	부도덕 우상 행음 버리라
두아디라	가장 작은 교회	성도 유혹 회개 하라
사데	관심교회 부흥	행위 온건 회개 권고
빌라델비아	주의 이름을 높임	믿음 계속 유지
라오디게아		차지도 뜨겁지도 않음

※ 모든 교회를 향한 주님의 메시지

하늘 예배

장차 일아날 사건들을 계시 (계 4:1-11)

1. 24 장로와 24 보좌
2. 보좌앞에 켠 일곱 등불
3. 네 생물을 보여 줌
4. 주 하나님 전능 하신 분
   - 만물을 지으신 이
   - 영광과 존귀와 권능을 받으실 이

환 상	상 징
1. 백옥	1. 하나님의 도덕성 완성 절대적 성결
2. 홍보석	2. 죄에 대한 진노
3. 무지개 / 녹보석	3. 거룩 공의 은혜 평강
4. 24 장로 (보좌)	4. 구약 : 12 족장 신약 : 12 사도
5. 번개 / 뇌성	5. 재앙과 심판
6. 유리 바다	6. 성결
7. 눈	7. 지혜를 가진 인격자 – 사자 : 용맹성 – 송아지 : 순종 헌신 – 사람 : 지혜 – 독수리 : 신속성
8. 24 장로 찬양	8. 창조주 찬양
9. 24 장로 면류관 드림	9. 구원은 오직 하나님 은혜

재앙 환상
(책과 어린양)

봉인된 책 (계 5:1–14)

1. 구속사의 비밀과 계획을 기록한 책
2. 주권자인 하나님 외에는 알자가 없음

합당한 어린양 : 봉인 뗄 자

1. 봉인 뗄 자 : 오직 예수
2. 인봉을 떼심으로
3. 교회의 장래가 열리고
4. 승리의 희망이 되심

일곱 봉인 책 (계 6:1–7:17)

첫째 봉인 책 – 넷째 봉인 책

1. 전쟁으로 인한 죽음
2. 기근과 질병으로 인한 죽음

다섯째 봉인 책

1. 한 맺힌 절규로 죽음
2. 복음을 전하다 죽음

여섯째 봉인 책

1. 역사적 심판으로 인한 죽음
   – 지진
   – 해와 달 빛을 잃음
2. 십사만 사천 인치심
   – 하나님의 절대적 보호
   – 12 지파×12,000 (지파별)
   – 12 지파×12사도×1,000
   ※ 1,000은 상징적인 수 : 무한

일곱번째 봉인 (계 8:1–9:21)

첫 째 재 앙

1. 최종 심판
2. 회개와 권고의 경고 무시

둘 째 재 앙

※ 황충 재앙
1. 잔인하고 교활
2. 죽고 싶어도 못 죽음

※ 마병 재앙
1. 천사 지휘
2. 불과 유황으로 인한 2/3 죽음

※ 나팔 재앙 회개를 위한 최후 경고 메시지

천사의 작은 책 (계 10:1–11)

펼쳐진 책

1. 손에 펼쳐진 작은 책
   – 복음은 비밀이 아니다
   – 모든 이에게 열려 있다
2. 복음 책은 쉽고 간결

요한

1. 말씀을 받아 먹음
   – 교회와 복음의 증인 사명
   – 입에서는 다나 배에서는 쓰다
2. 심판과 죽음에 대한 선포

두 증 인 (계 11:1– 19)

1. 두 감람 나무 : 성도
2. 두 촛대 : 교회

교회 성도의 수난

1. 교회내 참된 교회와 거짓교회공존
2. 교회와 성도 : 고난 증폭
   – 사탄에 죽임 당함
   – 사탄의 공격에 교회 죽음
   ※ 하나님의 권능으로 교회 부활

7년 환난 (전반기)

1. 전반기 : 3년 6개월
   – 짓 밟히고 괴롭힘
   – 고통과 고난 가증
2. 사회적 혼란
3. 24 장로들 하나님께 경배

여자와 용(계 12:17)

사탄의 공격

1. 참된 그리스도인을 박해
2. 참 그리스도인은 하나님의 인도 보호
3. 사탄의 교회 공격은 허사 예시

그리스도의 승리

1. 여자의 후손과 원수 (창 3:15)
2. 교회가 하나님의 종 배출 예시
3. 사탄과의 전쟁 교회 승리

두 짐 승(계 13:1–18)

적 그리스도 출현

1. 바다에서 나온 짐승 (용) 숭배
   - 신출귀몰
   - 화려한 용모
2. 땅에서 나온 짐승(거짓 선지자 / 이단)

※ 인본주의 사상 전개 예시

7년 환란 (후반기)

1. 후반기 : 3년 6개월
   - 교회 박해
   - 사회 혼란
2. 666 짐승표 사용 사회 통제
3. 짐승표 거부한 백성 죽임, 순교 당함

환상

1. 용
2. 짐승
3. 땅에서 나오는 두 짐승
4. 666 짐승표

상징

1. 적 그리스도
2. 강력한 힘을 가진 자
3. 거짓 선지자 이단
4. 구원받지 못한자가 받을 표
   - 6 : 불완전 수 (사람)
   - 7 : 완전수 (예수님)

승리한 십사만 사천(계 14:1–15:8)

십사만 사천 (찬양)

1. 종말을 보여준 환상
2. 인치신 144,000 : 하나님 보좌 앞 찬양
3. 하나님 백성 : 알곡으로 수확 천국에 모음

세 천사가 보인 메시지 (계 14:6-13)

1. 첫째 천사 : 백성에게 전개할 영원한 복음
2. 둘째 천사 : 큰성 바벨론 무너짐 외침
3. 셋째 천사 : 666 짐승표 심판 경고

환상

1. 선포한 메시지
2. 바벨론
3. 곡식 (추수)
4. 포도 수확
5. 낫으로 곡식 거둔자
6. 잘익은 곡식
7. 진노의 포도주
8. 포도주 틀 : 피 (1,600스다디온)

9. 144,000 인침
   - 12 지파 ×12 사도×1,000

상징

1. 하나님 심판대
2. 세속 도시
3. 하나님 백성 (구원)
4. 666표 받은 자
5. 예수님
6. 하나님의 백성
7. 철저한 심판
8. 16은 땅의 상징 (4의 곱수)
   - 온세계 재앙 예시
   - 1 스다디온 : 180 m
9. 성경 학자들 견해
   - 이스라엘 민족 (성경 기록)
   - 온 인류(천은 많음, 만수, 채워짐 수)

대 접 재 앙
(계 16:1-21)

심판 예고 (재앙)

1. 최후의 심판
2. 짐승의 핍박을 이겨낸 하나님 백성
   - 어린양의 노래를 부르며
   - 심판과 구원을 찬양

※ 마지막 일곱 천사가 일곱 대접을 받음은 대재앙 준비 완료 예시

환상

1. 일곱 인
2. 일곱 나팔
3. 일곱 대접 재앙
4. 율법 상징 모세와 복음 상징 어린양
5. 빛난 세마포 옷과 가슴 띠
6. 금대접 일곱과 일곱 천사

⇨

상징

1. 심판의 경고
2. 하나님 나라 완성과 심판 도래
3. 구속 역사 완성 단계
4. 둘이 하나가 되어 하나님 찬양
5. 하나님 권세를 받은 천사
6. 대 재앙 준비 완료 메시지 알림

일곱 천사 쏟음

1. 일곱천사 대접 재앙 : 극심한 고통 수반
2. 사탄의 세력을 향한 보응적 심판
3. 하나님 : 일곱 대접 쏟으라 명령
4. 하나님 백성 보호 받음
5. 하나님께서 일곱 대접을 쏟은 후
   It is done!
   (다 이루었다 하심)

일곱 대접 재앙

첫째 천사 대접 재앙

1. 짐승의 표를 받은자
2. 땅에 속하고 우상 숭배자
3. 사탄에 미혹 된 자

둘째 천사 대접 재앙

1. 바다에 쏟음
2. 바다가 죽은 피같이 되고
3. 바다 생물 다 죽음

셋째 천사 대접 재앙

1. 강과 물 근원에 쏟음
2. 물이 피가 되어 마실 물이 없음

넷째 천사 대접 재앙

1. 해가 권세를 받아
2. 불로 사람을 태움

다섯째 천사 대접 재앙

1. 짐승의 왕좌에 쏟음
2. 흑암이 임하고
3. 종기로 죽고 (질병)
4. 하나님을 비방
5. 회개치 아니함

여섯째 천사 대접 재앙

1. 큰강(유브라데)에 쏟음(강 마름)
2. 더러운 영들 (짐승) 하나님과의 영적 전쟁
3. 하나님과 대적한 세력
   – 불신자 – 이단

일곱째 천사 대접 재앙

1. 공중에 쏟음
2. 공중권세를 잡은 사탄 집중 궤멸
3. 하나님 심판 완성 선포
   It is done!

최후 심판 (계 17:1–18:24)

세속 도시 / 거짓 교회

1. 바벨론
2. 음녀 심판
3. 두 짐승의 심판

어린 양 / 적그리스도 싸움

1. 짐승과 음녀 : 어린 양 대적
2. 적그리스도 파멸
3. 어린 양 승리

어린 양 승리
(계 19:1–21)

어린양 혼인잔치

1. 천사 군대와 짐승의 군대
   마지막 전쟁
2. 천사 군대 (그리스도) 완전 승리
   ※ 승리의 목표 : 어린 양의 혼인
   잔치임을 묘사

바벨론 (세속 도시) 멸망

1. 두 짐승
2. 거짓 선지자와 이단
3. 짐승표를 받은 자 (우상 숭배자)
4. 사탄에 미혹된 모든 자 유황불에
   던져 짐

하 늘 잔 치

1. 칼날에 엎드려 진 자
2. 공중 새들의 잔치

하나님께 대적한 자들 !
최후의 모습이 어떠한지 보여준 환상

천 년 왕 국 (계 20:1-15)

사 탄 결 박 (천년)

1. 옛뱀 (에덴동산) 마귀 사탄
2. 무저갱에 던져 결박
3. 천년후 잠간 놓임

심 판 권 세

1. 예수 증언 (복음)타 순교 / 죽은 자
2. 짐승과 우상에게 경배치 아니한 자
3. 짐승의 표를 받지 아니한 자

부 활

1. 첫째 부활(예수님 재림시)
   - 사망 권세가 없고
   - 하나님의 제사장이 되며
   - 천년동안 그리스도와 왕 노릇
2. 둘째 부활
   - 천년 왕국 이후 이루어짐
   - 악인 : 영벌 받기 위해 부활

사 탄 출 현

1. 천년이 차매 무저갱에서 나옴
2. 곡과 마곡 전쟁
3. 유혹하는 마귀는 유황 불

백보좌 심판

1. 큰 자나 작은 자나 백보좌 앞에 섬
2. 생명책에 기록 확인
3. 심판
4. 둘째 죽음 : 영원한 심판(유황불)

새하늘 새땅 (계 21:1–22:21)

하늘에서 내려온 성

※ 거룩한 새 성전
1. 신부가 남편을 위해 단장한것 같음
2. 하나님과 어린양 함께 하심
3. 눈물도 사망도 애통도 없음
4.해가 없어도 어둠이 없음
※ 하나님 영광과 어린 양의 등불

예 수 님 말 씀

1. 내 말은 참되니
2. 신실하게 기록하고
3. 나는 알파요 오메가라
4. 생명수를 목마른 자에 주고
5. 난 그의 하나님이 되며 그는 내 아들이 되리라 하심

두 번 죽 음

1. 첫째 죽음 : 육의 죽음
2. 둘째 죽음 : 영의 죽음

하나님 나라 (영 원)

생명수 강

1. 강 좌우에 (하나님/어린 양)생명나무
2. 달마다 12가지 열매를 맺으며
3. 저주도 밤도 없고
4. 세세토록 왕노릇 하게 하심

속히 오리라

1. 속히 오리라(재림 신앙 권면)
2. 말씀을 지킨 자는 복이 있도다
※요한이 천사에게 절하려 하자 나도 하나님 종, 하나님께 경배

요한의 고백

1. 재앙과 심판은 필히 오겠지만 생명수를 얻을 마지막 기회를 호소
2. 교회는 세상을 향해 문을 열어 놓았으니 주저치 말고 어서 오라 주여 어서 오시옵소서 아 멘 !
※ 이는 모든 교회와 그리스도인의 고백과 간구가 됨

부 록

1. 한 눈으로 보는 성경 핵심 진리

2. 신 · 구약 이어보기

1. 한 눈으로 보는 성경 핵심 진리

1) 하나님은 어떤 분이신가?

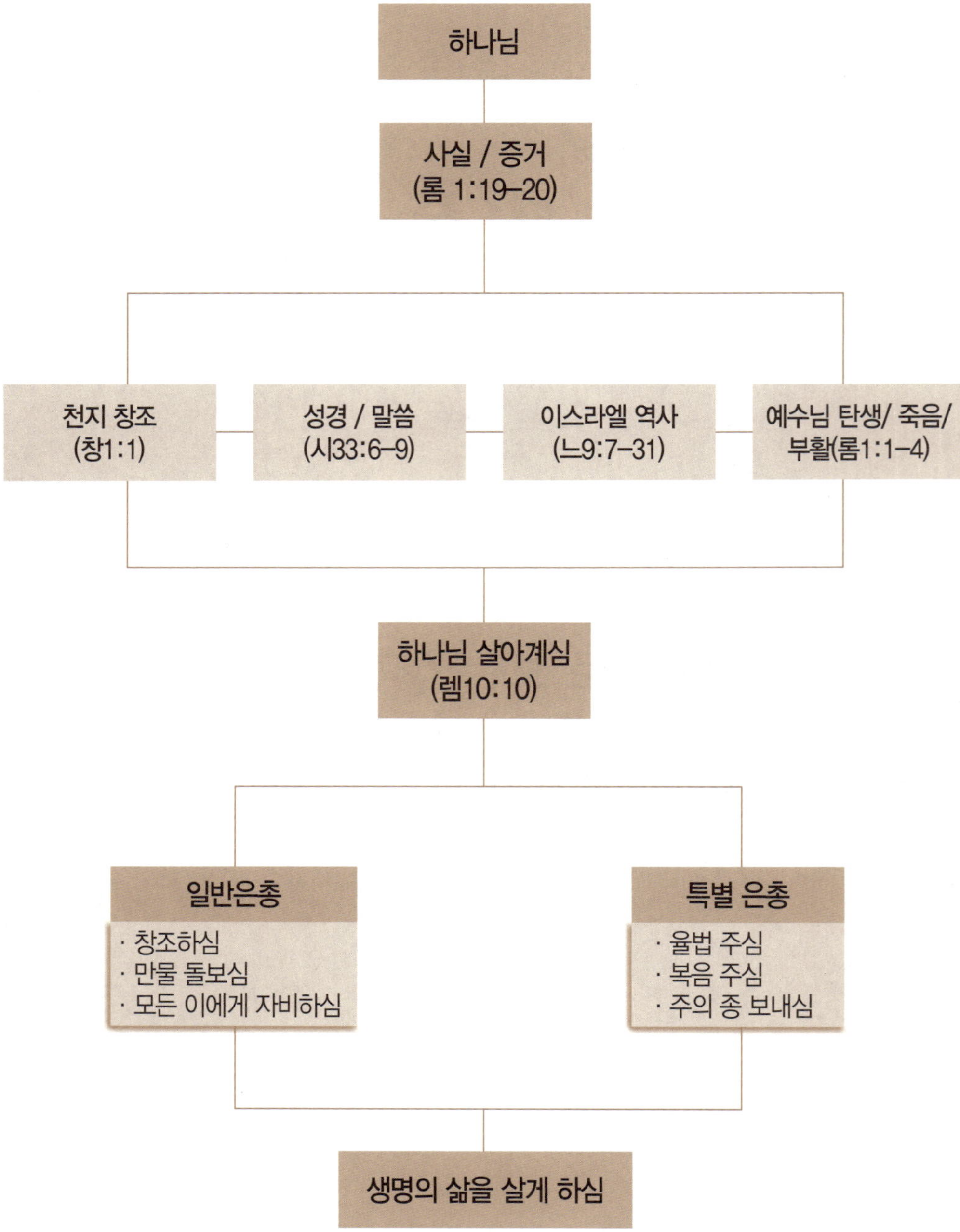

2) 삼위일체 하나님

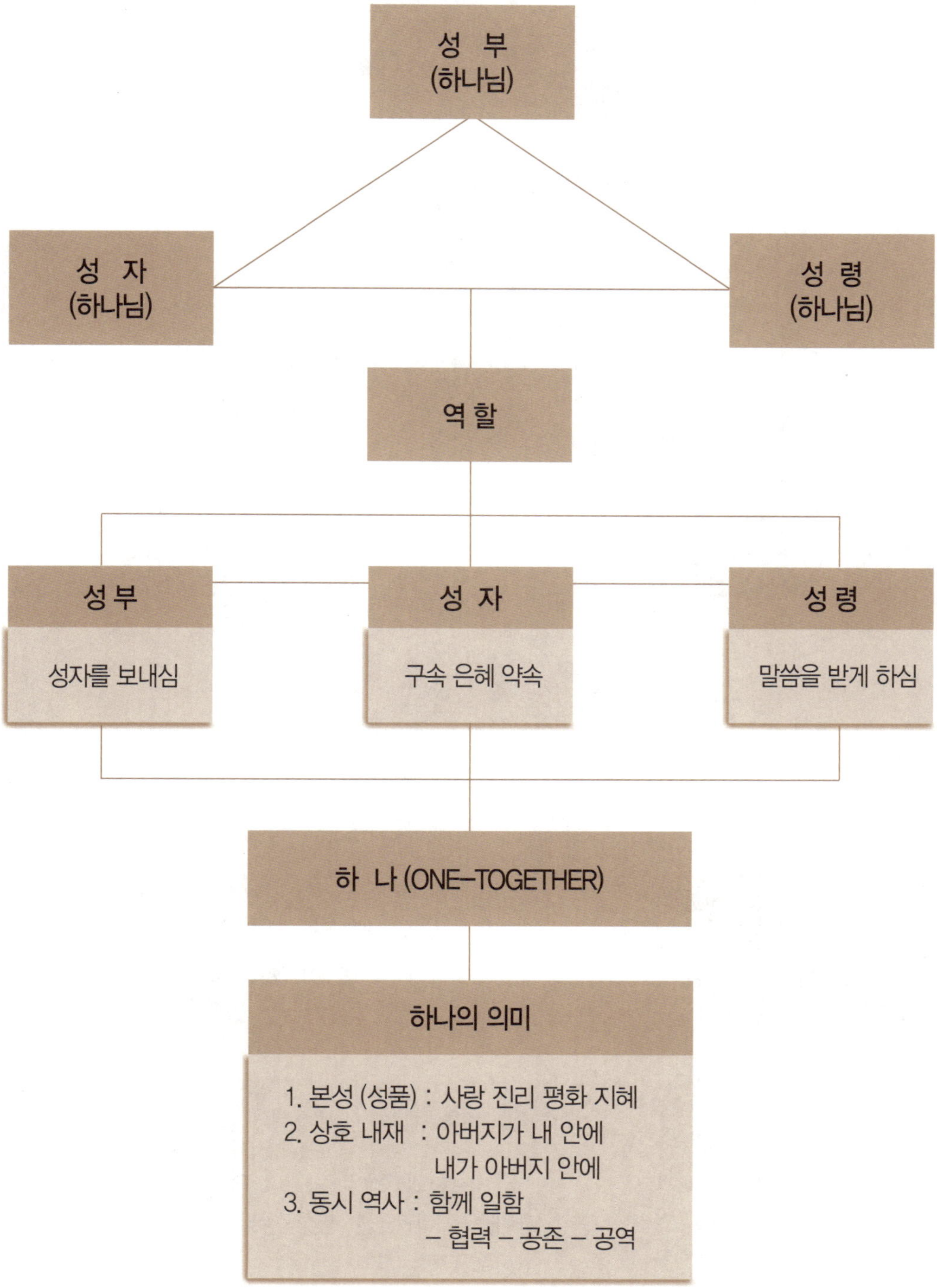
성 부
(하나님)
성 자
(하나님)
성 령
(하나님)
역 할
성부
성자를 보내심
성 자
구속 은혜 약속
성령
말씀을 받게 하심
하 나 (ONE–TOGETHER)
하나의 의미
1. 본성 (성품) : 사랑 진리 평화 지혜
2. 상호 내재 : 아버지가 내 안에
내가 아버지 안에
3. 동시 역사 : 함께 일함
– 협력 – 공존 – 공역

3) 성령님의 역사

거듭남

1. 물과 성령으로 거듭남
2. 새로운 피조물

성 령

1. 삼위일체 제3위 하나님
2. 인격적인 분
3. 증거하시는 분

성령 (어떻게)

1. 세례 받고 죄사함 받을 때
2. 의를 이루는 것이 합당할 때
3. 구원의 복음을 듣고 믿을 때
4. 예수님 행하신 일을 믿을 때

성령 (오시면)

1. 생각나게 하시고
2. 말하게 하시고
3. 가르치게 하시고
4. 진리 가운데 우리를 인도

성령 (깨달음)

우리에게 은혜 주신 것을
알게 하심

성령 (하는 일)

1. 오직 복음으로 하나님 자녀 됨
2. 지혜를 알게 하심

성령 (내주)

1. 우리 몸은 성전
2. 하나님께 영광 돌리는 삶

성령의 열매 (행위)

1. 거룩한 삶
- 사랑 - 희락 - 화평 - 오래참음 - 자비 - 양선 - 충성 - 온유 - 절제

2. 성령을 쫓는 삶
- 주 안에 거하고 - 깨어 있으라

4) 하나님을(교회)를 왜 믿는가?

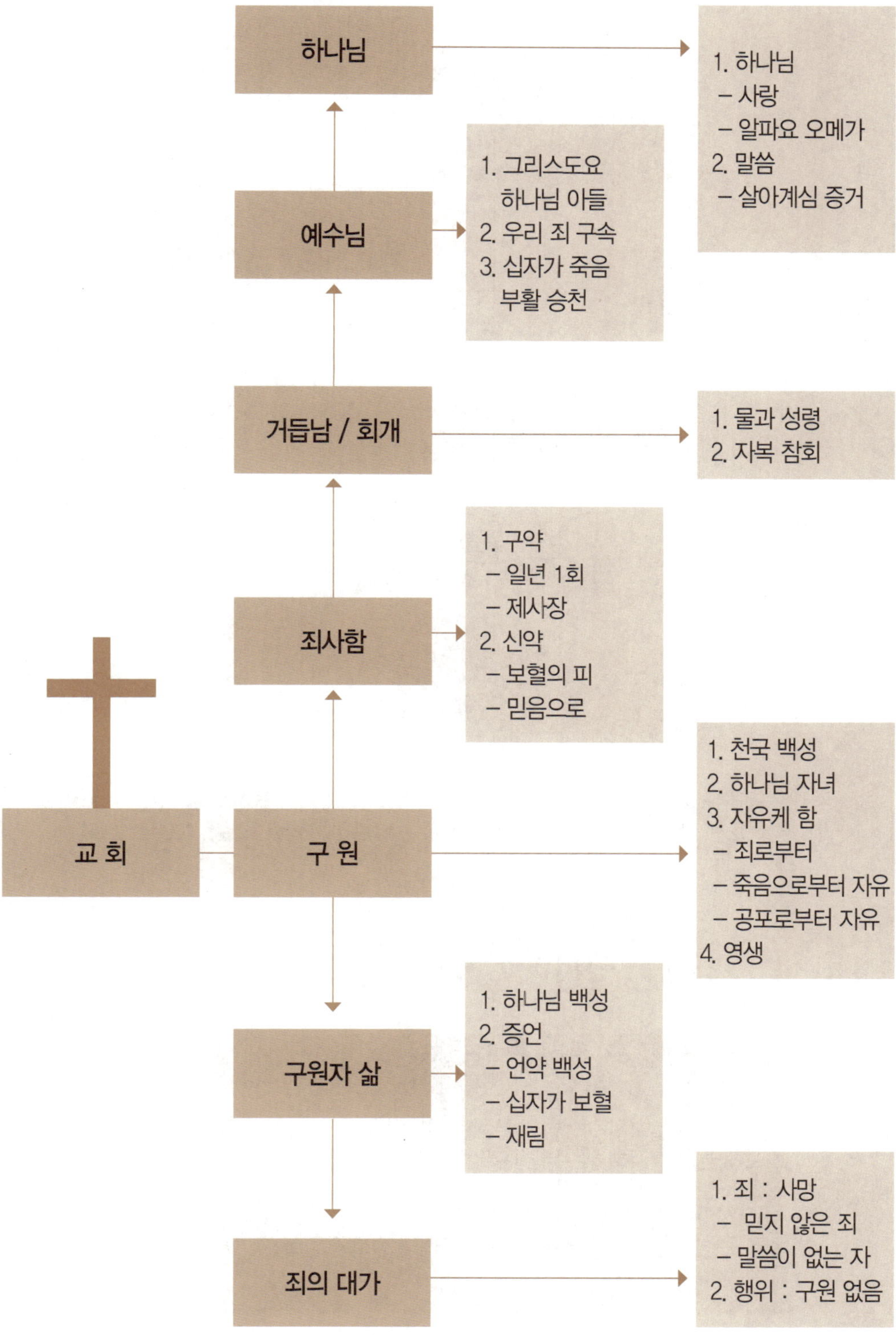

5) 구원의 서정 (The order of salvation)

소명 : 부르심
(사55:1, 마22:14, 고전1:18)
1. 내적 부르심
2. 외적 부르심

중생 : 거듭남
(요2:3-8, 고후5:17, 엡2:8)

회심(悔改)
(행3:19, 눅15:20, 시51:17)

신앙 : 믿음
(요6:29, 히11:1-6, 약2:19, 요20:31)

칭의 : 의롭다 함
(롬3:24, 롬4:5, 갈2:16)

수양 : 양자 삼으심
(롬8:15-17, 요일3:1)

성화 (聖化)
(레11:44, 약1:27, 히12:1, 고전10:31)

견인(堅引)
(롬8:31-39, 요일5:18, 요10:29)

영화 (榮化)
(살전4:16-18, 엡2:6)

구원의 모든 서정

1. 구원은 철저히 하나님의 은혜로 말미암음
2. 구원은 철저히 예수님 십자가 대속으로 말미암음
3. 구원은 철저히 성령님의 인도와 도우심으로 말미암음
4. 진리를 따라 사는 성도의 삶을 폐기하는 것은 결코 아님
5. 구원 받은 자는 구원을 삶으로 드러내 성화와 영화를 향해 나아감

6) 성경 예언 중심 → 예수님

탄생

예언		성취	
창3:15	여자의 후손	갈4:4	그 아들을 여자에게서 나게하심
사7:14	보라 처녀가 잉태하여	마1:18	요셉과 약혼 동거하기 전 성령
창17:19	이삭의 후손에서 영원한 언약	마1:2	유다와 그의 형들을 낳고
민24:17	한 별이 야곱에게서 나오며	눅3:34	그 위는 야곱이요
사11:1	이새의 줄기에서 한 싹이	눅3:32	그 위는 이새요
렘23:5	내가 다윗에게 의로운 가지를	마1:1	다윗의 자손 예수 그리스도의 계보

예수님 생애(피신/고난/죽음/부활/승천)

예언		성취	
호11:1	내 아들을 애굽에서 불러냈거늘	마2:14	아기와 그의 어머니를 데리고
사53:3	귀히 여기지 아니함	요1:11	백성이 영접치 아니함
시69:4	까닭없이 나를 미워하는 자	요15:23	나를 미워하는 자는
사11:2	여호와를 경외하는 영 강림	마3:17	내 사랑하는 아들이요
사53:12	많은 사람의 죄를 담당	마27:38	예수 십자가 죽음
시22:6	백성의 조롱거리	마27:39	예수를 모욕
사40:3	여호와의 길을	마3:3	주의 길을 준비하라
시22:16	내 수족을 찔렀나이다	눅24:40	손과 발을 보이심
시109:4	원수를 위해 기도	눅23:34	아버지여 저들을 사하여
슥12:10	그 찌른 바 그를 바라보고	요19:34	옆구리를 찌르니 곧
시34:20	뼈가 꺽이지 아니하고	요19:33	다리를 꺽지 아니하고
욘1:17	밤낮 삼일을 물고기 뱃속	마12:40	인자도 밤낮 삼일 땅속
시110:1	너는 내 오른쪽에	히1:13	너는 내 우편에

2. 신 · 구약 성경 이어보기

신 · 구약 이어보기

역사적 구분	천지창조	노아의 방주
역사적 인물	아담 / 하와	노아

역사적 주요 행적

천지창조

창조

1	2	3	4	5	6
천지	빛	땅/물	하늘/바다	동물/식물	사람(아담,하와)

※사람(남자, 여자)
1. 창조역사의 가장 뛰어난 성취
2. 자연 세계 지배 3. 창조주와 교제

에덴동산

생명나무 — 선악나무

죄

1. 선악과 먹지말라 2. 사탄: 하와에게 접근
– 선악과 먹도록 유혹 – 아담도 먹도록 함
※불순종: 죄의 조상 됨

※여자: 해산의 고통, 남자: 노동

노아의 방주

하나님 명령

※하나님 심판/자비를 보이기 위함

방주를 제작하라 — 노아 순종

방주 제작

※비가 지구상에 없었을 때
1. 40주야 비가 내림
2. 방주에 승선한 사람(8명)
3. 방주 : 터키 아라랏산

※방주의 의미
1. 그리스도의 예표
2. 심판/자비

선지자		

사사시대

웃니엘 → 사무엘

사사통치기간 (350년)

사사지도자 (13명)

처음 하나님 도움: 성공 / 중간/종말 불순종:파멸

결과

※여호와 버림: 백성 타락
1. 지도자가 없어 결속력 부족
2. 배교, 압제, 구원의 순환
3. 안전과 평화 속박
4. 가나안 7족과 생활

※1. 불안정과 도덕적 슬픈 역사
2. 백성:왕정 요구
3. 사울에게 기름부음

선지자 - 여룹바알, 베단, 입다, 사무엘

왕정시대

사울 다윗 솔로몬

왕정 (120년)

사울	다윗	솔로몬
통치 40	통치 40	통치 40
1. 군사적 의존	1.언약 회복	1. 군사적 의존
2. 비극적 인물	2.말씀 정치	2. 비극적 인물

사울: 1. 주제넘은 행위를 함(제사장) 2. 여호와 진노/버림 ※ 여호와 후회

솔로몬: 1. 지혜: 세계적 명성 2. 아내:1천명(이방 3백명) ※이방신 섬김(죄)

다윗: 1. 여호와 영원한 왕국 약속
2. 밧세바 사건: 재난
– 왕자의 난(말년)
– 아들에 의한 수모
3. 솔로몬:분열왕국 초래

선지자 – 사무엘, 갓, 나단

분열왕국시대 (포로/식민생활)

남유다:르호보암 / 북이스라엘:여로보암

분열 왕국

북이스라엘 (B.C. 722년) — 19대 호세아왕 (앗수르에 패망)

남유다 — 20대 시드기야왕 (바벨론에 포로)

백성 타락 (여호와 잊음) — 여호와 진노

바벨론	바 사	헬 라	로마 B.C. 200년

포로 (70년) / 식민생활

※포로귀환 주도:스룹바벨, 에스라, 느헤미아
백성:지도자 원함
※B/C 4년 : 예수님 탄생(로마 식민지)

선지자 [남] 다니엘, 예후, 에스겔, 이사야, 미가, 스바야, 스가랴, 말라기
선지자 [북] 엘리야, 엘리사, 요나, 아히야, 미가야

예 수 님 시 대

AD 예수 탄생 — 27 첫유월절 — 28 둘째 유월절 — 29 셋째 유월절 — 30 마지막 유월절

※ 예수님 공생애 기간 역점 사역

1. 십자가 죽음과 부활의 정점 2. 구원은 영원한 생명 3. 오직 믿음으로 구원 4. 예수 믿고 천국

※갈릴리▷예루살렘
1. 성전 청결
– 왕
– 하나님이다
2. 유대인:예수가 누구?

※갈릴리▷예루살렘
1. 가버나움 사역
2. 순회 전도
3. 치유 전도

※12제자 확정
1. 제자 교육
– 하나님과 인간관계
– 인간과 인간관계
2. 율법의 원리

※갈릴리▷예루살렘
1. 예루살렘 살벌
2. 성전에 나타나심
3. 바리새인/ 제사장
: 초 비상

※베뢰아▷예루살렘
1. 나귀 타고 입성
2. 신학 논쟁
– 예수는 누구냐?
– 진정한 지도자는 하나님

※예수님 부활 /
1. 막달라마리아
2. 제자들에게 보
3. 40일 후 승천
4. 재림 약속

※예루살렘▷갈릴리(도중)
1.사마리아 여인 만남
– 야곱의 우물가
– 사마리아 전도
2. 예수님 사마리아유숙 치유전도

※ 예루살렘 사역
1. 바리새인:안식일행위 항의
2. 예수님:하나님하시니 나도
3. 베데스다 연못 이적
∴ 안식일 선한 일 왜?

※갈릴리 벳세다 사역
1. 예수 소문 온유대 파다
2. 유대인: 왕 추대
3. 예수님 잠적
4. 오병이어 이적 보임

※성전 설교
1. 예수는 누구야
– 나는 그리스도다
– 하나님 아들이다
2. 유대인:신성모독

※예수님 십자가
1. 유대 배신: 예수 체포
– 심문
– 십자가 달리심
2. 예수님 골고다에 장사

IT IS DO

바벨탑 사건	족장시대	출애굽	광야시대	가나안 정복
	아브라함–이삭–야곱–요셉	모세		여호수아

바벨탑 사건

바벨탑

하나님

도전

만/동등 ← 인간 → 혼돈/혼란

흩어버림

불통

북 · 동 · 서 · 남

족장시대

하나님 – 이스라엘 택한 이유

1.하나님을 증거하는 민족 2.이방인의 본보기

3.장차 그리스도가 오실 땅 4.세계의 중심지

아브라함의 믿음 여행

하란 – 가나안 (Ab 75세) → 가나안 – 애굽 (기근이 심함) → 애굽 – 가나안 (부자되어 귀환) → 가나안 – 애굽 (바로왕 초청)

요셉 수난 / 민족 구원

※파멸로부터 언약의 가계를 보존키 위해

형들 요셉 미워함–애굽에 팜–보디발의 집종–보디발 아내 겁탈

요셉 감옥(꿈 해몽)–바로왕 꿈(요셉 해몽)–요셉 총리

※야곱 : 애굽 이주

출애굽

하나님 – 모세 부름: 출애굽

모세 바로왕 : 앞 – 출애굽 시켜라

모세 – 이적 보임

10대 재앙

장자 재앙: 출애굽

홍해의 기적

홍해 도하: 1. 홍해가 갈라지고 2. 마른땅 같이 도하

바로왕 추격: 1. 이스라엘 백성 뒤따름 2. 왕과 바로 군사 수몰

※하나님의 백성 보호

낮:구름기둥, 밤:불기둥

광야시대

모세

광야생활(40년) · 십계명(2회)

백성

1. 의식주

– 만나 – 메추라기

– 신발 옷(40년)

2. 백성: 불순종

–우상을 섬김(금송아지)

– 여호와 불신

– 모세:십계명 던짐

※하나님 구원과

인도 경험

가나안 정복

요단강 도하(가나안 정복)

법궤 이적

1. 요단강이 갈라짐

2. 백성 도하(마른땅)

1차 중부정벌 · 2차 남부정벌 · 3차 북부정벌

1. 군사:숫자적 열세

2. 세번의정벌

3. 믿음과 순종으로 승리

1. 지파별 땅분배

2. 도피성 지정

※7족 다 내쫓지 못함

※애굽세대:가나안 못 들어감, 광야세대:가나안

		아 론		갈 렙

사도시대 1부	사도시대 2부	교회사 / 사도시대 이후	이스라엘 회복(근대사)	대환난–적그리스도 / 예수님 재림–천년왕국
예루살렘교회 / 베드로 중심	안디옥교회 / 바울 중심	디아스포라	이스라엘	온 인류

사도시대 1부

베드로

초대교회 지도자

예수님 누구: 1. 하나님 아들 2. 우리가 죽였다 3. 회개 죄사함 4. 주를 영접 구원

예수님 증언: 1. 십자가 죽음 2. 부활 3. 승천 4. 재림

베드로 초기사역

① 사마리아(복음)

② 룻다(애니아-기-치료)

③

④ 욥바(죽은 자 살림)

⑤ 가이사랴(고넬료세례)

사도시대 2부

바울전도여행

1차 전도여행	2차 전도여행	3차 전도여행
구브로 안디옥 이고니온	마게도니아 데살로니가 베뢰아	에베소 드로아 밀레도

바울은 누구

1. 하나님의 사람과 교회를 핍박
2. 스데반을 돌로 쳐 죽인자
3. 다메섹에 가는 도중 예수님을 만남
4. 예수님이 들어 쓴 큰 그릇

예수 증언

1. 복음을 전파
2. 믿음만이 구원에 이름
3. 이방인에게 예수증언(일등공신)

※ 로마로 압송

교회사 / 사도시대 이후

이스라엘 죄

1. 죄가 극에 달함
2. 예수님을 죽이고
3. 경고에도 귀기울이지 아니함

북 · 서 ← 이스라엘 A/D 70년 → 동 · 남

회복 약속

1.실추된 명예 회복

2.땅끝까지 복음 전파

이스라엘 회복(근대사)

이스라엘 회복

※하나님 실추된 명예 회복

미주 · 유럽 · 아시아 · 아프리카 → 이스라엘

1948. 5. 14

세계에서 돌아 옴

※ 귀국 후 네 번의 전쟁

팔레스타인	스웨즈	육일	라마단
1948. 5. 15	1956. 10.20~11.6	1960. 6.5~10	1973. 10.6~23

승리로 이끌어 주심 : 하나님

※ 여호와 약속(성취)

1. 강하고 부한 나라 2. 미국 지도자 : 60%(유)

3. 세계 시장 장악 (3대)

– 금융시장 – 석유시장 – 곡물시장

대환난–적그리스도 / 예수님 재림–천년왕국

전천년전환란

교회시대	7년환란	천년왕국	영원한 천국
현재	적그리스도	그리스도	최후 심판

※ 7년 환란

1. 3.5년 거짓 평화
2. 3.5년 대환란
3. 세계 대전

– 핵

– 인류 2/3 죽음

※ 예수님 승리

1. 휴거:죽은 자, 산 자
2. 심판
3. 예수님 통치

※ 천년왕국

1. 예수 그리스도 통치

– 우린 천년왕국 백성

– 사탄 활동 못함

2. 왕국 끝말: 사탄 활동
3. 사탄에 미혹되지 말라

저자 소개 | **김기환**(용인수지 목양교회) **권사**

일제 식민지 말 전북 남원에서 출생
8 · 15와 6 · 25, 보릿고개를 맛보았고
먹고 살기 위해 푸른 제복을 택했으나
중령으로 예편,
혈혈단신으로 미국으로 이민하였다가
집나간 탕자가 되어 돌아왔습니다.

실패한 인생,
가족의 손에 이끌리어 두드린 곳 목양교회,
교인으로 사반세기 동안을 지내며
하나님을 알고 싶어했고
무엇보다 말씀을 간절히 사모해 성경을 이십여 회 통독,
한국어와 영어로 필사를 했으며
바이블 맥 관통과 DTS 등을 수료하여
말씀 안에서 믿음의 확신을 갖게 되었고
세상에서
가진 것 없지만
이제는
하나님을 아빠라고 부를 수 있는
하늘 빽을 가진 자 이옵니다.

이 세상에 없어야 할 사람.
죄인중에 죄인이요
교만과 자만,
방탕한 삶을 산 날
오늘이 있게 하고
오늘 너머 내일
내일 너머 영원을 바라볼 수 있도록 해준
가족의 기도에 감사한 사람입니다.

평신도를 위한
한눈으로 보는 성경

초판 인쇄 2019년 4월 15일
초판 발행 2019년 4월 21일

지은이_ 김기환
발행인_ 이명수
발행처_ 도서출판 세줄(등록번호 2-4000)
서울시 중구 마른내로 4길 9-1

표지 글씨_ 산울 권태식

총판처_ 가나북스
경기도 시흥시 수인로 2323(목감동 235-2)
전화 032)408-8811 팩스 031)501-8811

값 15,000 원

ISBN 978-11-88798-11-7 03230

저자 연락처 010-9988-9293

이 도서의 국립중앙도서관 출판예정도서목록(CIP)은 서지정보유통지원시스템 홈페이지(http://seoji.nl.go.kr)와 국가자료종합목록시스템(http://www.nl.go.kr/kolisnet)에서 이용하실 수 있습니다. (CIP제어번호 : CIP2019014788)